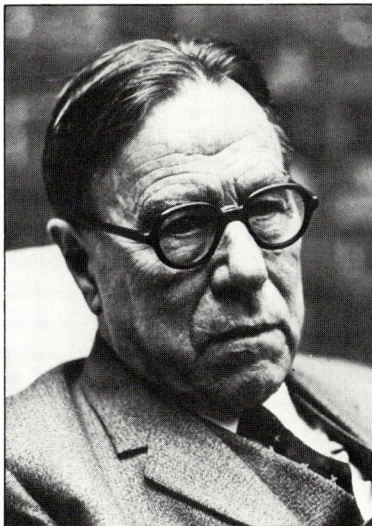

Bro a Bywyd

Syr Thomas Parry-Williams
1887-1975

Golygydd/Ifor Rees

Cyngor Celfyddydau Cymru 1981

Rhagair

A'r byd teledu wedi cael cymaint o afael arnom yn ystod y chwarter
canrif diwethaf nid yw'n syndod bod lluniau, bellach, cyn bwysiced â
lleisiau, a'r gweld yn gyfwerth â'r clyw. Rhoddir pwyslais cynyddol ar
gynorthwyon clyweled yn addysg plant ysgol a myfyrwyr coleg, ac, o
safbwynt y celfyddydau, fe ddechreuwyd athronyddu'n ddoeth-betrusgar
ar natur a phosibiliadau yr hyn a alwodd y Dr. Gwyn Thomas, Bangor,
yn 'llunyddiaeth'.

Agwedd ar 'lunyddiaeth' megis yw cynnwys y gyfrol gyntaf hon o gyfres
Bro a Bywyd. Fel detholiad o luniau y cynlluniwyd y llyfr. A'r lluniau
hynny, ynddynt eu hunain, yn bethau difyr agos-atoch i'w bodio a'u
mwynhau. Ond, wrth gyplu â'r darluniau ddyfyniadau o waith yr awdur
ei hun ynghŷd ag ambell nodyn perthnasol-eglurhaol, hyderwn y caiff y
darllenydd llengar olwg ddadlennol newydd ar fawredd cyfareddol
Syr Thomas Parry-Williams, ac y bydd i'r sawl nad yw mor gyfarwydd â
gwaith y llenor a'r ysgolhaig annwyl hwn, gael ei ysbarduno i ymdrwytho
yn ei gynnyrch enfawr.

Cwbwl briodol bid sicr fu cychwyn ar y bererindod lunyddol hon yn
Rhyd-ddu, a'i gorffen yno hefyd canys fe aeth Syr Thomas Parry-Williams
â'i 'gynefin' gydag ef i ba le bynnag yr elai — hyd yn oed i bellafoedd De
America. Ac agweddau ar ei wreiddiau dyfnion ym mynyddoedd Arfon,
ond odid, yw ei holl gampweithiau creadigol — yn rhigwm, ysgrif a
soned. Ond ar y daith hefyd fe adlewyrchir ei gyfraniad unigryw fel
ysgolhaig a gŵr cyhoeddus, ac fel eisteddfodwr a chyfaill.

I'r neb a'i mynno y mae ar gael astudiaethau lawer yn mawrygu athrylith
amryddawn Syr Thomas Parry-Williams. Atodiad 'llunyddol' i'r rheiny
yw'r gyfrol hon, a theyrnged o natur wahanol, nid yn unig i fardd mwyaf
ein canrif, ond i un a ddisgrifiwyd gan Saunders Lewis yn ei '*Fraslun
Radio*' (1955) fel 'y llenor pwysicaf ei ddylanwad ar feirdd a llenorion
eraill a fu'n cyhoeddi eu gwaith yn yr un cyfnod.'

Ifor Rees

1. Tad Syr Thomas.

''Roedd tad Syr Thomas hefyd yn heb amheuaeth yn ysgolhaig, er na chafodd Ddoethuriaeth o dair Prifysgol fel y mab. Bu rhai o ieithegwyr penna'r byd gydag ef yn dysgu Cymraeg yn Rhyd-ddu — Dr. Zimmer o Berlin a'r Dr. Osthoff o Heidelberg, dau o Almaenwyr enwog eu dydd; Almaenwyr eraill fel Thurneysen o Freiburg lle bu'r mab yn fyfyriwr, a'r Dr. Jmelmann o Bonn. O Den Haag, o'r Isalmaen, daeth Dr. van Hamel ac o Sweden daeth Dr. Bjorkman ac o Brifysgol Llundain Dr. Steppat. Bu Mr. Leonard Darlington (brawd Thomas Darlington) yno am oddeutu blwyddyn, a byddai'r gwybodusion academaidd hyn yn galw Ysgol Rhyd-ddu yn Athrofa Geltaidd, a Mr. Parry-Williams yn Dad Cymry'r Cyfandir. Yr oedd ef ei hun yn fardd, ac enillodd bedair cadair, a gwobrau llenyddol eraill. Bu'n flaenor am ddeugain mlynedd, a dal llawer swydd urddasol dan Gyfarfod Misol Arfon.'

Hywel D. Roberts, Y Traethodydd (Gorffennaf 1977)

2. Mam Syr Thomas.

Cans tra bo cerdd yn swyn a nwyd yn fflam,
Bydd gennyf innau ran o dad a mam.

'Gweddill', Cerddi (1931)

3. William Morris, Glangwyrfai, Rhyd-ddu — ei daid o ochr ei fam.

4. Dyfyniad o Lyfr Lóg Ysgol Rhyd-ddu.

5. Tair Cenhedlaeth: Nain Syr Thomas, ei fam, a Blodwen ei chwaer hynaf.

4

December 18th 1879.

Henry Parry-Williams a student in the Bangor Training College (1878-79) was appointed Teacher of the School to commence duties January 6th 1880.

William Jones
Clerk to the Board

6

7

6. Teulu'r Ysgol c.1902
Syr Thomas yw'r ail o'r chwith
yn y rhes gefn.

7. Ei ddwy chwaer — Blodwen ac
Eurwen.

8. Y brodyr gyda'u tad.
O'r chwith — Oscar, Wynne,
Willie a Tom.

8

9. Y teulu — 1916

10. Cronicl y teulu — allan o Feibl
y teulu.

Chronicl y Teulu.

Ysgoldy Rhyd-ddu. Beddgelert. Caernarfon

1. Ganwyd Henry Parry-Williams i Thomas Parry a Mary Parry (ei ail wraig) yn Gwyndy Caerion Carmel Llandwrog Mehefin 11eg 1858

2. Ganwyd Annie Morris yn Glan gwyrfai Rhyd-ddu Beddgelert i William a Mary Morris- 1859.

Priodwyd Henry Parry-Williams ac Annie Morris sef y ddau uchod, yn eglwys M.C. silol Caernarfon gan y Gweinidog ar y pryd, sef Y Parch R.R. Morris, brawd y briodasferch, ar yr ugeinfed dydd o Chwefror 1885

3. Ganwyd (Mary) Blodwen Parry-Williams yn Glangwyrfai, Rhyd-ddu, Tachwedd 3rdd 1885.

4. Ganwyd Tom Herbert Parry-Williams yn Nhŷ'r Ysgol Rhyd-ddu, Medi 21in 1887.

5. Ganwyd William Francis Parry-Williams yn Nhŷ'r Ysgol Rhyd-ddu, Mehefin 23rdd 1890.

6. Ganwyd (John) Oscar Parry-Williams yn Nhŷ'r Ysgol Rhyd-ddu, Medi 6ed 1892.

7. Ganwyd (Richard) Wynne Parry-Williams yn Nhŷ'r Ysgol Rhyd-ddu, Ionawr 5ed 1895.

(drosodd)

12

11. Syr Thomas a'r Athro Edgar Thomas (Reading) — gŵr ei chwaer Eurwen, haf 1949

12. Y ddau gefnder — T.H. Parry-Williams ac R. Williams-Parry. Tynnwyd y llun yn Rhyd-ddu, 1919, gyda Henry Parry-Williams hefyd yn y llun.

'Y mae megis rhyw ddoethineb ddwyfol neu ddewiniol sy'n disgyn yn ddiferion prin i enaid ambell un yn awr ac yn y man, a Duw'n unig a ŵyr pwy fydd yr ambell un ffodus — neu anffodus. Yn hollol annisgwyliadwy fe ddaeth hyn i ran Robert Williams Parry. Ac er pan oeddem yn hogiau ffôl yn prancio gyda beisiclau gynt, mi welais y peth yn ymddangos ynddo o dro i dro, yn ystod y blynyddoedd, ac yn gymysg â rhyw blentynrwydd anaeddfed bob amser bron.'

'Colli Robert Williams-Parry', *Myfyrdodau* (1957)

11

13

13. Gyda'i gefnder William Francis Hughes (Wili Oerddwr). Tynnwyd y llun yn Rhuthun 1915

14. Oerddwr — hen ffermdy hynafol ym mhen uchaf Aberglaslyn — cartref 'Anti Betsi', chwaer mam Syr Thomas.

15. Plac Oerddwr.

Wrth lunio'r byd fe ddryswyd peth ar y plan, —
Mae nodau annaearoldeb yn naear y fan.

'Oerddwr', *Ugain o Gerddi* (1949)

14

15

16

16. 'Anti Betsi' Oerddwr.

'Yr oedd cyrraedd Oerddwr o unrhyw le bob amser yn gyrraedd pen taith. Nid galw y byddai, nac y bydd, neb yno, ond cyrraedd. A chan fod pobl y lle yn berthnasau, yr oedd gwresowgrwydd arbennig yn y derbyniad a gaem, er bod y dyfod yn ddirybudd bob amser bron. Yr wyf yn credu, er hynny, y gwyddai fy modryb hyd sicrwydd ynddi ei hun pan fyddai fy mam ar ei ffordd yno. Rhan oedd hyn o anghyffredinedd Oerddwr eto, neu beth o "angerdd" ei theulu.'

'Oerddwr,' *Lloffion* (1942).

17

17. Hafod Lwyfog — ffermdy hynafol ym mhen uchaf Nantgwynant. Cartref Morfudd, merch Oerddwr, a'i gŵr William Jones.

'Mynd i Hafod Lwyfog a wneuthum yr adeg honno — i beidio â meddwl na myfyrio nac ysgrifennu — na gwneud dim ond gweithio hynny a allwn â'm corff, a cherdded a bwyta a gorffwys.

. . . .

Yr oedd yno fainc a phob math o arfau at weithio mewn pren neu haearn. Bûm am nosweithiau lawer yno yn ailwampio hen wn a gawswn, a'i wneud yn berffaith; ac wedyn yn llunio agoriadau i ffitio'r car.'

'Hafod Lwyfog', *O'r Pedwar Gwynt* (1944)

18. Syr Thomas gyda Morfudd a William Jones, yn nrws Hafod Lwyfog, Medi 1945

18

19

20

19. Y Gwyndy, Carmel, Arfon, — cartref tad Syr Thomas. Tŷ unllawr oedd y Gwyndy gwreiddiol, tua 1902 y codwyd llofft iddo.

'Fel y byddai ffit mynd i weld ei hen gartref yng Ngharmel yn dyfod dros fy nhad weithiau (a byddwn i ac yntau wedyn yn ei throedio hi i gyfeiriad Drws-y-coed), felly fe ddeuai "ffit Oerddwr" (chwedl fy nhad) dros fy mam, — mynd i weld ei chwaer oedd yn byw yno. I gyfeiriad Beddgelert yr eid y tro hwn, a thros y bryn am Oerddwr, — lle sy'n union syth uwch Bwlch Aberglaslyn, ond o olwg y Bont. Felly y daeth Carmel ac Oerddwr i mewn i'm bywyd ifanc.'

'Oerddwr', *Lloffion* (1942)

20. Hen lun o bentref Carmel.

21

MRS. PARRY-WILLIAMS A MRS. ROBERTS, GLASFRYN, RHYD-DDU.

Dwy Chwaer—Mrs. Parry-Williams a Mrs. Roberts, Glasfryn, Rhyd-ddu.

Priodol iawn yw rhoi gair o goffa am y ddwy chwaer annwyl hyn gyda'i gilydd yn Y Gymraes. Bu y fath undeb rhyngddynt yn eu bywyd fel nad oes angen eu gwahanu yn eu cofiant. Ni wahanwyd hwy yn eu bywyd— treuliasant eu hoes yn ymyl ei gilydd, buont yn cyd-fagu eu plant, yn cyd-ofidio a chydlawenhau yn amgylchiadau ei gilydd, a chafodd y ddwy bron gyda'i gilydd fynd i'r trigfannau nefol. Brawd i'r ddwy chwaer hyn yw y bardd-bregethwr, y Parch. R. R. Morris, Bettws Garmon, gynt o'r Tabernacl, Blaenau Ffestiniog. Mae enw Mr. Parry-Williams, Rhyd-ddu, yn adnabyddus i gylch eang iawn. Cyfrifid ef yn un o athrawon goreu ei ddydd, yn wr cydwybodol, ac yn frenin yn ei ardal; ac nid oes neb all fesur maint y dylanwad er da a fu ei esiampl a'i addysg i'r rhai ddaeth i gyffyrddiad ag ef. Teilwng briod i'r gwr da yma ydoedd Mrs. Parry-Williams. Trafferthus a phrysur fu ei bywyd, a'r loes fwyaf a ddaeth i'w rhan oedd marwolaeth frawychus o sydyn ei hannwyl briod. Cyn pen y flwyddyn wedi ei farw ef ym mis Hydref, 1926, cymerwyd hi i'r Ysbyty, ar nos Wener, a bu farw y bore Sul dilynol, yn 66 mlwydd oed. Hamddenol a thawel iawn fyddai Mrs. Roberts bob amser. Cafodd fis o gystudd caled, a ddioddefodd yn hollol ddirwgnach. Bu marw ei chwaer yn gymaint ergyd iddi fel na chododd hithau o'i gwely ar ol diwrnod ei hangladd hi, a bu farw yn hynod dangnefeddus ym mis Tachwedd, yn 58 mlwydd oed. Braint

22

23

21. Y ddwy chwaer
O'r *Gymraes.*

22. Y Parch. R.R. Morris — brawd mam Syr Thomas. Ef, ac yntau'n Weinidog Capel Seilo, Caernarfon, a wasanaethodd ym mhriodas mam a thad Syr Thomas, Chwefror 1885. R.R. Morris oedd awdur yr emyn adnabyddus 'Ysbryd byw y deffroadau.'

23. Y Parch. D. Perry Jones Gweinidog Rhyd-ddu, Tachwedd 1906 — Mawrth 1917. Aeth oddi yno i Benrhyndeudraeth. 'Roedd ef a Mrs. Perry Jones yn gyfeillion mawr â Mr. a Mrs. H. Parry-Williams, Tŷ'r Ysgol. Ef oedd Cadeirydd y Noson Deyrnged a gynhaliwyd yn yr ysgol fis Rhagfyr 1923 ar ymddeoliad yr ysgolfeistr. Gweinyddodd yn angladd y ddau.

24. Hen lun o Dŷ'r Ysgol, Rhyd-ddu a'r 'cyrn yn mygu er pob awel groes.'

24

25. Ysgol a Thŷ'r Ysgol, Rhyd-ddu.

'Wrth frysio o'r ffordd fawr i fyny'r grisiau ac at garreg y drws, bûm fwy nag unwaith yn teimlo fel adyn wedi ei ddiarddel — yno o bobman ar wyneb y ddaear. Dieithrwch iasol, gwallgofus. Yr oedd sŵn fy nhroed ar y cerrig yn rhyfedd ac anarferol, a lleisiau f'anwyliaid yn chwith annaturiol i'm clyw. Byr, drwy drugaredd, fyddai ei barhâd.

Pa ryfedd, felly, imi dybied mai drygargoel oedd y dieithrwch hwn, cyn imi deimlo mai'r agos-atrwydd eithaf a'r anwyldeb tyneraf oedd yn cyfrif amdano, ac mai hwn sydd yn rhwystro i'r ddihareb am gynefindra'n magu dirmyg fod yn wir bob amser.'

'Dieithrwch', *Ysgrifau* (1932)

25

26. Dosbarth Ysgol Rhyd-ddu
c.1901.

Y gyntaf ar y dde yn y rhes gefn
yw Blodwen Parry-Williams, yn
ddisgybl-athrawes, cyn mynd i
Goleg Normal Bangor. A'i chwaer
Eurwen yw'r ferch fach mewn
gwyn ar ganol y drydedd rhes.

27. Tudalen o Lyfr Lóg yr ysgol —
Awst 21 1899.

'Ceir yma gyfeiriad at yr ysgol
newydd a godwyd, hanes codi tŷ'r
ysgol, a phethau tebyg; ambell
gyfeiriad at gario glo a chneifio
defaid; sôn am ddyddiau gŵyl,
megis dydd ffair Beddgelert; dam-
weiniau, salwch ac angladdau;
grantiau, ac adroddiadau
arolygwyr; derbyn plant i mewn i'r
ysgol, a'u gollwng i'r byd pan
ddeuai eu tro.'

'Y Llyfr Lóg', *Lloffion* (1942)

21st The name of Tom Herbert Parry-Williams was removed from Registers today. Having won the County Scholarship (first on the list) for the Portmadoc Inter. School.

28.

28.

Dyma'r Wyddfa a'i chriw; dyma lymder a moelni'r tir;

'Hon', *Ugain o Gerddi* (1963).

Defnyddiwyd yr ymadrodd 'Yr Wyddfa a'i chriw' ganddo yn ei ddyddlyfr taith, 23 Awst 1925, yn Santiago, Chile — "gwelais rai mynyddoedd, neu res o fynyddoedd tebyg iawn i'r Wyddfa a'i chriw".

29. Mynyddoedd Moel.

A thros fy magu, drwy flynyddoedd syn
Bachgendod yn ein cartref uchel ni,
Ymwasgai henffurf y mynyddoedd hyn,
Nes mynd o'u moelni i mewn i'm
 hanfod i.

'Moelni', *Cerddi* (1931)

30. Ardal Rhyd-ddu.

Ond gwn pwy wyf, os caf innau fryn
A mawndir a phabwyr a chraig a llyn.

'Cynefin', *Olion* (1935)

The Village Rhyd-ddu

31. Hen lun o bentref Rhyd-ddu — gyda'r 'capel bach' a 'Gwyrfai wyllt'.

32. Capel Rhyd-ddu oddi mewn.

'Wrth ddarllen Adroddiad Blynyddol yr hen eglwys, a minnau'n ddigon pell, nid rhagair tyner a phwrpasol y swyddogion nac enwau'r aelodau a'r plant a'r "gwrandawyr" gyda'u cyfraniadau na'r cofnodion arferol a gyffyrddodd â'm hysbryd, ond geiriau bach cartrefol tair item yn rhestr y taliadau ymysg yr ystadegau ariannol — Olew, Hawl Llwybr a Wig Lamp. Troes gweld enwi'r pethau bydol a materol hyn yn foddion gras i mi. Yr oedd tinc mor wironeddol a sylweddol ynddynt, fel teimlo coed y sêt; ac fe'm cludwyd mewn myfyr ganddynt yn ôl yn syth i'r gornel gynt, ac yn arbennig i'r adeg yr eisteddwn ynddi y tro olaf ryw flwyddyn neu well yn ôl.

. . . .

Myfi, gyda llaw, a feddianasai gornel fy nain wedi i'r hen wraig fynd.

. . . .

Beth bynnag, wrth glertian yn foethus yn y gornel, lle y ceir cip trwy'r drws agored ar y ffordd fawr yng ngwaelod yr hen (wele fi eto!) bentref ac ar ambell ffermwr diweddar yn troedio'n anarferol o esgud tua'r capel, daeth ymdeimlad gwefreiddiol drosof pan welais y pregethwr yn ei gôt fawr a'i fwffler gwlanog; mi wyddwn fy mod yn mynd i gael profiad crefyddol o'r iawn ryw, sef y madrondod diesboniad hwnnw sy'n gweithio fel perwewyr trwy gyfansoddiad eneidiol dyn ac yn ei gynhyrfu hyd lesmair.'

'Moddion Gras', *Synfyfyrion* (1937)

'Edrychwn bellach ar blanciau'r sêt, a gweld y marciau a wnaethpwyd gennyf yn blentyn â phin ar y pîn flynyddoedd lawer yn ôl. Gofidiwn na roddaswn y dyddiad arnynt.

. . . .

Wedyn sŵn yr harmonium, a chof am yr hen ŵr a wrthwynebasai gael yr offeryn i'r capel, a wrthododd gymryd rhan yn y cyfarfod gweddi cyntaf wedi ei gael, ac a ddywedodd wrth y blaenor a alwasai arno, am "ofyn iddi *hi*".'

'Oedfa'r Pnawn', *Ysgrifau* (1932)

33

33. Llyn y Gadair, 1919, gyda rhai
o aelodau Tŷ'r Ysgol yn mwynhau
eu hunain arno,

Er nad oes dim gogoniant yn ei bryd,
Na godidowgrwydd ar ei lannau ef;

'Llyn y Gadair', *Cerddi* (1931).

34. Trip yr Ysgol Sul i'r Bermo,
1924

Y drydedd o'r chwith yw Mrs.
Parry-Williams, a'i gŵr Henry yn
eistedd yn y canol.

34

35

35. Llyn y Dywarchen.

'Os oedd Llyn y Dywarchen yn magu ynof barchedig ofn oherwydd ei hud a'i encilgarwch, ac os oedd Llyn y Gadair yn ennyn yn fy nghalon serchowg-rwydd teuluol bron, oblegid ei agosrwydd cymdogol, yr oedd Llyn Cwellyn, sydd dros filltir yn is i lawr yn y dyffryn, yn cyfodi peth anesmwythyd dieithr yn yr ysbryd. Llyn yn y pellter, i raddau, ydoedd hwn, ac y mae'n filltir o hyd ac yn llenwi rhan helaeth o waelod Nant y Betws — ac yr oedd sôn am Nant y Betws yn tueddu i fynd â ni o'n cynefin braidd, er ei fod yn dechrau, am a wn i, ym mhen isaf y pentref.'

'Y Tri Llyn', O'r Pedwar Gwynt (1944)

36. Llyn Cwellyn.

36

37. Dafydd 'Ffatri.

'Ond fe fyddai'n gwneud un peth od ac arwyddocaol iawn, a hynny yn ystod yr haf, adeg dyfod ymwelwyr i'r ardal yn dorfeydd bob dydd i ddringo'r Wyddfa. Fe gychwynnai'n weddol gynnar yn y bore o'r tŷ ar yr ynys yn yr afon, a bocs mewn sachgwd ar ei gefn. Byddai'n rhaid iddo groesi'r ffordd fawr, ac fe wnâi hynny mor anymwthiol a llechwraidd ag y gallai. Yna fe deithiai ryw filltir neu filltir a hanner i fyny llwybr yr Wyddfa i fan go wastad a elwir yn Ben-ar-lôn. Yno ar wyneb carreg fflat, mewn cornel o'r neilltu, ond eto ar fin y llwybr, fe osodai ddarnau o risial o bob maint a llun. Dyna'i siop a dyna'i nwyddau, yn ôl y sôn. Ni lwyddodd neb erioed i glywed bargeinio rhyngddo a'r Saeson a fyddai'n aros i edrych — ac i brynu, efallai. Ni allodd neb ohonom ni blant, o leiaf, weld ei siop yn iawn ychwaith. Byddai ganddo len dros y darnau grisial nes dyfod rhyw brynwr posibl rownd y tro. Yr oedd stori ar led fod ganddo un clamp anferth o risial wedi ei gloddio ym mhellafoedd un o ogofau Drws-y-Coed. Ni chefais i gyfle erioed i weled hwnnw.

. . . .

Wrth iddo fynd adref gyda'r nos, a chroesi'r ffordd fawr eilwaith, ni ellid tynnu gair ohono ynghylch busnes y siop awyragored ar y mynydd; ni chymerai ddim sylw o unrhyw ymholiad ynghylch hynny, dim ond "taflu dieithr", fel y dywedir, a sôn am y tywydd, os soniai air o gwbl.'

'Teulu'r Ffatri', *Myfyrdodau* (1957)

38

39

38. Talcen y Ffatri, yn dangos yr olwyn ddŵr.

'O gwmpas ei gartref ei hun, sef y ffatri, gellid ei weld yn ymlwybro fel rhith ac yn symud yn araf, neu'n eistedd yn fyfyrgar ar garreg go fawr. Ni welid ef allan byth yng nghwmni ei frawd na'i chwaer. Fe eisteddai mor llonydd weithiau ar ymyl carreg ar fin llwybr nes tybio ohonoch, wrth nesáu yn y llwyd-dywyll gyda'r nos, mai delw o bren neu garreg ydoedd, os na byddech wedi dychryn gormod i feddwl dim wrth ddyfod ar ei draws mor sydyn ac annisgwyliadwy. Ni chefais i erioed sgwrs ag ef, na dim ond cyfnewid ychydig eiriau cyfarch wrth basio, er na byddwn byth yn sicr beth fyddai ei eiriau ef ychwaith, os geiriau oeddynt.'

39. Hen Dŷ fferm Drws-y-Coed.

'Dyma wlad y Tylwyth Teg, yma y mae Llwyn-y-Forwyn a Llyn y Dywarchen. Ar y ffordd y mae ysbryd Adwy'r Raels yn ymddangos weithiau. Yma, a'i wyneb yn y ffordd a'i gefn yn y llyn, y mae hen dŷ fferm Drws-y-Coed, a'r garreg gerfiedig uwchben ei ddrws, a chyferbyn ag ef gors babwyrog ac adfeilion llygadrwth hen adeiladau a fyddai'n lloches gyfaddas i wylliaid pen-ffordd. Yn nes i Nantlle y mae olion sylfeini addoldy'r Morafiaid (meddir), a hen fynwent ddigerrig ger y Tŷ Newydd, heb fod yn nepell. Ac wedyn dyna'r bwlch — Bwlch Gylfin, ar ein llafar ni. Yn is i lawr y mae'r Clogwyn Brwnt, hen gartref y Ffransisiaid cerddgar; ac yn y gwaelod y mae'r hen waith copr.

. . . .

Mi ddechreuais i gerdded yr hafn hon er cyn cof i mi bron, wrth fynd ar droed gyda'm tad i'w hen gartref yng Ngharmel uwchben Dinas Dinlle.'

'Drws-y-Coed', *Synfyfyrion* (1937)

40. Drws-y-Coed — "Y garreg gerfiedig".

'Yma, yn y ddeunawfed ganrif, y bu'r enwog William Gruffydd yn byw — gŵr cyfrifol a chrefyddol yn ôl pob hanes, a chysylltiad rhyngddo ac achos sect y Morafiaid a fu'n cynnal gwasanaeth yn y cyffiniau ar un cyfnod. Yr oedd y William Gruffydd hwn yn ŵr diwylliedig — onid anfonodd Goronwy Ddu o Fôn (y Goronwy Owen), gerdd iddo unwaith? Ac yr oedd yn ŵr haelionus a lletygar hefyd.'

'Y Tri Llyn', *O'r Pedwar Gwynt* (1944)

41. Y Trên Bach yn gadael Rhyd-ddu am Feddgelert

'. . . o'r Dinas i fyny y deuai'r trên bach. Dyfod i fyny acw atom ni, cofiwch, y byddai'r trên, — dyna oedd ei hamcan a phwrpas ei bod; ond, wrth reswm, rhaid oedd mynd yn ôl i'r Dinas i allu dyfod acw'n ôl drachefn. Y mae gennyf ryw frith gof fod y cwmni — sef, i roddi ei enw'n llawn, y *North Wales Narrow Gauge Railway Company*, neu "N.W.N.G.R.," fel y dynodid ef ar y cerbydau — y mae gennyf gof, meddaf, fod y cwmni hwn yn galw'r stesion yn *terminus* (rhyw fath o enw barddonol) ar daflenni-amser y trên. Fendigedig a therfynedig air!

. . . .

Ond yr oedd rhyw arlliw o gamarweiniad yn enw priodol ac yn enw barddonol y stesion. Ni fentrodd y cwmni ei galw wrth enw'r pentref, am fod yr enw hwnnw'n rhyw anhydrin ei lythrennau, o bosibl, ac am fod ei sain a'i ystyr, iddynt hwy, heb fod yn ddeniadol, ond yn hytrach fel arall. Gwir nad oes ynddo i bawb hudoliaeth perseiniol enwau lleoedd fel Grand Canyon neu Santa Fe, heb sôn am leoedd nes-adref megis Cwmsidan a Rhandirmwyn. Fe fynnodd y cwmni — wedi hir ac awenyddol fyfyrio, yn sicr — alw'r stesion yn *Snowdon Station*.

. . . .

Fe gollwyd ystyr y ffugenw *Terminus* ar ben y lein pan benderfynwyd rai blynyddoedd yn ôl estyn ei hyd a'i breintiau i Feddgelert a Phorthmadog, — er mai "trên bach Rhyd-ddu" y'i gelwid hi gan lawer o hyd, mi gredaf, am mai nyni yno oedd wedi bod yn "ben" arni, fel petai, er bod gan y cwmni enw newydd a barddonol iawn arni yn awr — *Welsh Highland Railway*.'

'Y Trên Bach', *Lloffion* (1942)

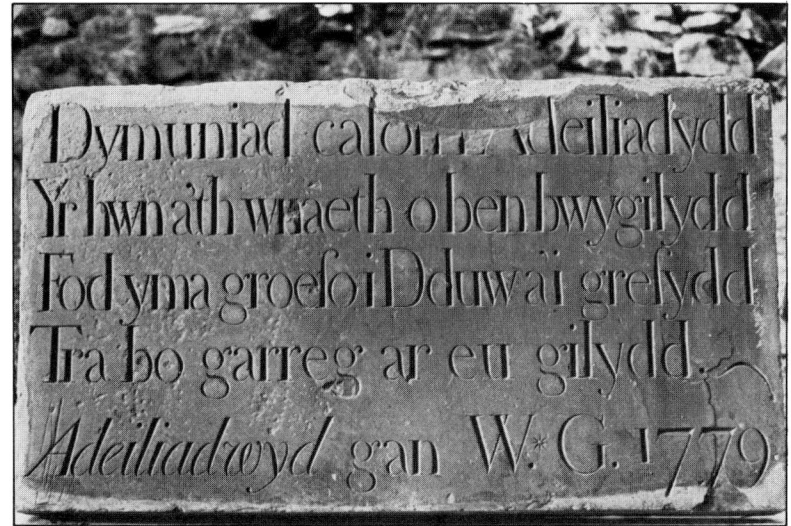

42

43

42. Rhai o blant Ysgol Ganolradd Porthmadog tua 1900. Tom Herbert Parry-Williams yw'r ail ar y chwith yn y rhes gefn.

'Hogyn bach "o 'lad" oeddwn i ac wedi f'anfon, pan nad oeddwn ond rhyw un ar ddeg oed, i ysgol ganolradd "Y Port", gan aros yno am wythnosau heb gael mynd adre i'r mynyddoedd o gwbl. Mi fyddwn, fel bachgen da, yn "mynychu" pob math o gyfarfodydd yng nghapel y Tabernacl (gweinidog, Iolo Caernarfon) ar Sul, gŵyl a gwaith.'

'Myfyrio Ofn', *Pensynnu* (1966)

43. 'Yr hogyn bach "o 'lad".'

'Pan fyddwn i'n mynd adref gynt am y gwyliau o'r ysgol, byddai'n rhaid imi'n aml gerdded y pedair milltir olaf, ac felly yn araf deg y deuai popeth cynefin i mi yn ardal fy mebyd i'r golwg. Aml dro mi brofais rywbeth oedd fel siomiant i gychwyn am fod fy hen gydnabod, yn fynydd a gwal a chraig a chae a hyd yn oed garreg y drws, yn ymddangos yn ddieithr.

. . . .

Edrychwn yn hyderus am y garreg wen ysgwâr oedd ar grib y wal ar yr ochr dde yn ystod y filltir gyntaf.

. . . .

Ni byddwn yn cyfarch gwell ynof fy hun i'r Wyddfa nes dyfod at y garreg filltir olaf, ond bûm fwy nag unwaith yn methu rhwygo'r llen rhyngof a hi, a hithau'r hen Wyddfa yn newydd.

. . . .

Gan amlaf, wrth fynd yn ôl adref, wedi bod am ysbaid oddi cartref, y teimlir y dieithrwch, ac wrth fynd i ffwrdd am ysbaid oddi yno y profir hiraeth . . . Ac y mae'r hen garreg wen a'r garreg filltir fel petaent yn gwybod wrth imi basio pa un ai tuag i fyny ai ynteu tuag i waered y byddaf yn mynd.'

'Dieithrwch', *Ysgrifau* (1932).

44.   Yn Agoriad adeilad newydd ychwanegol i hen Ysgol Ganolradd y Port, 1955. Fe'i gelwir bellach yn Ysgol Gyfun Eifionydd.

Tybed fy mod i, O Fi fy Hun,
Yn myned yn iau wrth fyned yn hŷn,
. . . .
Rhyw hanner ieuenctid a gefais gynt,
A hanner henaint fydd diwedd fy hynt,-

'Dau Hanner', *Cerddi* (1931)

45

46

45. Porthladd Porthmadog ar dro'r ganrif.

46. Stryd Fawr Porthmadog ar dro'r ganrif.

47. Y Trên Bach yn croesi Stryd Fawr, Porthmadog, 1925 — ymhell wedi'r cyfnod pan oedd y *Terminus* yn Stesion Rhyd-ddu.

'Yn 1881 y gwneid y lein bach, yn bennaf er mwyn gwasanaethu chwareli bychain yr ardaloedd hyn ond i elwa hefyd ar y twristiaid. Bu'n ffynnu (fwy neu lai) hyd ugeiniau'r ganrif hon, ac, yn wir, estynnwyd peth arni yn 1923 gan yrru'r lein ymlaen i Feddgelert ac i orsaf Croesor, yno i ymuno â lein bach Porthmadog.'

Crwydro Arfon: Alun Llywelyn-Williams.

47

48

50 a

50 b

48. Cloc y Dref, Aberystwyth, 1901
Dymchwelwyd y cloc yn y
flwyddyn 1954

49. 'North Parade' — Rhodfa'r
Gogledd, Aberystwyth, 1901.

50a,b. Cadeiriau Eisteddfod Coleg
y Brifysgol, Aberystwyth a
enillwyd ganddo 1907 — y testun
'Rhiannon', a 1909 — y testun
'Gwenllian'.

49

51

52

51. Pwyllgorau'r Gymdeithas Geltaidd a'r Eisteddfod — Coleg y Brifysgol, Aberystwyth 1907-08, gydag Edward Edwards, yr Athro Hanes.

52. Myfyrwyr Blwyddyn Gyntaf, Coleg yr Iesu Rhydychen, 1909. Syr Thomas yw'r ail o'r chwith yn yr ail res. Bu'n astudio o dan gyfarwyddyd Syr John Rhŷs, y Prifathro ac Athro Celteg.

'Yn nechrau wythdegau'r ganrif ddiwethaf fe ysgrifennodd y seinegwr enwog a'r arloeswr cadarn Dr. Henry Sweet, Rhydychen, erthygl hir ac arbennig o bwysig i un o gylchgronau ysgolheigaidd Lloegr ar "Spoken North Welsh." Yn Nant Gwynant, Sir Gaernarfon, y cafodd ei ddeunydd; ac y mae'r erthygl yn ddiddorol neilltuol i mi, os caf nodi hynny, oherwydd y fan a'r lle y bu Sweet yn pori, a hefyd am i mi gael y fraint a'r profiad anghyffredin ymhen blynyddoedd lawer wedi hynny o fod yn ddisgybl iddo am ddwy flynedd, pan oedd ef bellach yn dechrau heneiddio.'

'El ac Er', Pensynnu (1966)

53

53. Coleg yr Iesu, Rhydychen — Tynnwyd y llun yn 1913

54. Tîm Pêl-droed Coleg Yr Iesu, Rhydychen 1910-11

. . . 'ymysg trangwls eraill, y mae lluniau mawr fframiedig, megis wedi eu diarddel, er eu bod yn rhai diddorol anghyffredin i mi. Grwpiau ydyw amryw ohonynt, ac yn eu plith un ohonof i, yn llanc pennoeth, breichnoeth a phenglinnoeth, yn eistedd ar lawr yn un o aelodau tîm pêl-droed Coleg yr Iesu, Rhydychen. Blaenwr bach sydyn . . .'

'Nimrod', *Myfyrdodau* (1957)

55

56

55. Cymdeithas Dafydd ap Gwilym, Rhydychen — Mai 1911.
Syr John Rhŷs, y Prifathro, yn y canol yn yr ail res.

'Yn ei dro, bu Parry-Williams yn swyddog yn y Dafydd. Y *cursus honorum* arferol fyddai bod yn Drysorydd, yn Ysgrifennydd ac yn Gaplan, yn y drefn hon, bob yn dymor. Dengys un o'r rhaglenni mai yn nhymor Ilar 1911 y bu ef yn Gaplan. Y mae gennyf atgof clir amdano yn Ysgrifennydd, ond pryd y bu nis gwn: tymor Mihangel 1910 fyddai'r adeg debycaf, hwyrach. Ni wn ychwaith pryd y bu'n Drysorydd. Unig ddyletswydd y Caplan y pryd hynny fyddai darllen cywydd o waith Dafydd ap Gwilym ar ddechrau pob cyfarfod. Cyflawnai Parry-Williams y ddyletswydd hon gydag urddas ac arddeliad. Swydd bennaf yr Ysgrifennydd, wrth gwrs, fyddai cadw'r cofnodion, a'r traddodiad yr adeg honno oedd cadw cofnodion llawn. Cofiaf yn dda fel yr ymddigrifwn i yn y cofnodion a gedwid gan Parry-Williams, nid yn unig am eu hanes doniol o droeon y cyfarfodydd, ond hefyd, ac yn anad dim, am eu harddull — yr un Cymraeg rhywiog, ystwyth, ag y daeth Cymru gyfan i ymhyfrydu ynddo, flynyddoedd wedyn, yn y cyfrolau nodedig o'i ysgrifau.'

Detholiad o 'Atgofion Rhydychen, 1909-11' gan Syr Goronwy Edwards o'r *Gyfrol Deyrnged* (1967)

56. Prifysgol Freiburg

'Yr oeddwn newydd gyrraedd Freiburg i dreulio dwy flynedd yn y Brifysgol yno. Un o nodweddion prifysgolion yr Almaen yr adeg honno, beth bynnag am heddiw, oedd y gwahanol "Gorfforaethau" o fyfyrwyr, gyda'u hamrywiol gapiau a lliwiau lifreiog. Ac un o hoff adloniannau'r myfyrwyr hyn fyddai ymryson â chleddyfau, neu gleddyfwaith, a hynny hyd at waed.

. . . .

Yr oeddwn wedi cael gwahoddiad i fynd i weld y gornestu ryw fore dydd Sadwrn braf yn y Gwanwyn, a rhagorfraint fawr oedd hynny.

. . . .

Yr oedd yno gynulliad o ymrysonwyr a chefnogwyr, a chywion meddygon i drin a gwnïo'r archollion. Slaesio a hacio wynebau oedd yr amcan, i gael gwisgo creithiau tlws wedyn.'

'Ar Fôr ac ar Dir', *Myfyrdodau* (1957)

57

VNIVERSITAS · LITTERARVM · ALBERTO · LVDOVICIANA

RECTORE MAGNIFICENTISSIMO FRIDERICO II. PRORECTORE GEORGIO
PFEILSCHIFTER EX AVCTORITATE SENATVS ACADEMICI ET DECRETO
ORDINIS PHILOSOPHORVM EGO HERMANNVS THIERSCH PROMOTOR
LEGITIME CONSTITVTVS IN VIRVM DOCTISSIMVM THOMAM PARRY-
WILLIAMS DOMO RHYD-DDV, CARNARVON POSTQVAM DISSERTATIONEM·
SOME POINTS OF SIMILARITY IN THE PHONOLOGY OF WELSH AND
BRETON · EXHIBVIT ATQVE EXAMEN · MAGNA CVM LAVDE · SVPERAVIT
DOCTORIS PHILOSOPHIAE GRADVM
CONTVLI CONLATVM ESSE HOC DIPLOMATE PVBLICE TESTOR

ATTESTOR
GEORGIVS PFEILSCHIFTER
PRORECTOR

FRIBVRGI BRISIGAVORVM
DIE XIII MENSIS NOVEMBRIS
ANNI MCMXIII

HERMANNVS THIERSCH
DECANVS

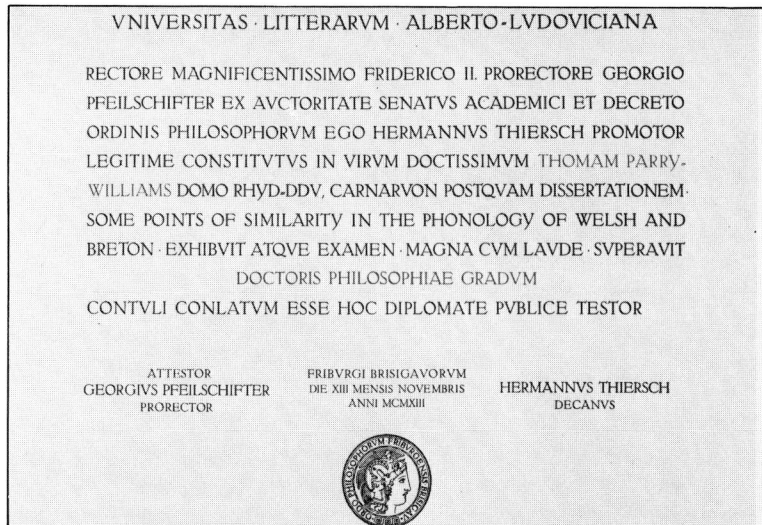

57. Tystysgrif Ph.D., Freiburg, 1913, lle bu'n astudio dan Yr Athro
Rudolf Thurneysen ac ennill y radd hon am draethawd ar 'Some Points
of Similarity in the Phonology of Welsh and Breton.'

58. Cerdyn derbyn Syr Thomas yn fyfyriwr ym Mhrifysgol y Sorbonne,
Paris, lle bu'n astudio dan yr Athrawon Joseph Loth a Joseph Vendryes.

Yn neuadd y cerfluniau cain
Canfûm Law Duw celfyddyd dyn, —
A dinasyddion Paris Ffrainc
Yn mynd a dyfod heibio i'r drws.

A mab a merch ynghlwm ynghyd
A welais yno ar gledr y llaw
Yn ymdecáu o bridd di-bryd
Dan gyffwrdd cywrain bysedd Duw.

'Trindod', *Cerddi* (1931)

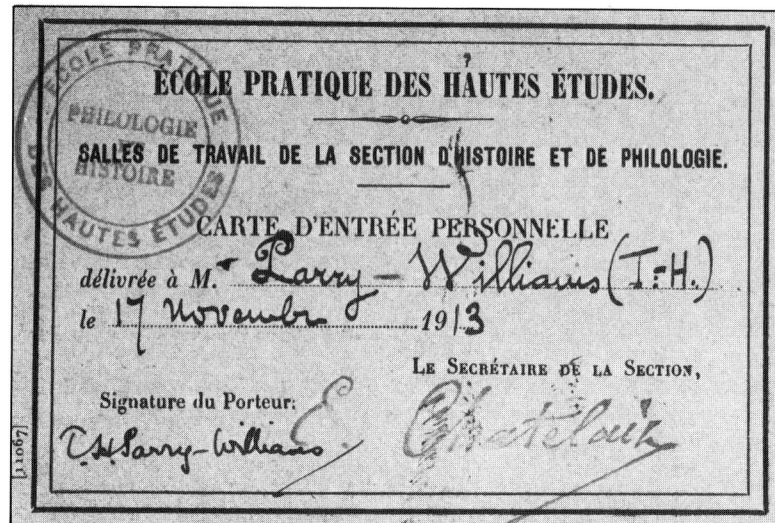

ÉCOLE PRATIQUE DES HAUTES ÉTUDES.

SALLES DE TRAVAIL DE LA SECTION D'HISTOIRE ET DE PHILOLOGIE.

CARTE D'ENTRÉE PERSONNELLE

délivrée à M. *Parry-Williams (T.H.)*
le *17 Novembre* 19|3

LE SECRÉTAIRE DE LA SECTION,

Signature du Porteur:

59

59. Cadair a Choron Eisteddfod Genedlaethol Wrecsam 1912. Tynnwyd y llun ar Faes yr Eisteddfod.

'Dyma hi'n amser coroni o'r diwedd, ac un o'r beirniaid ar y llwyfan yn y pellteroedd yn traethu'n hir a difeicroffon.

. . . .

Yr oeddwn eisoes wedi sefyll ar fy nhraed, ond yn fy nghwman, yn disgwyl gweld a chlywed pwy oedd y bardd buddugol; nid oedd neb yn codi i ateb i'r ffugenw. Dyma alw croch wedyn, gan seinio'r ffugenw'n groywach nes bod y lle'n diasbedain. Ac yn sicr i chwi fy ffugenw i ydoedd, ac yr oedd yn rhaid i minnau gredu fy nghlustiau.

. . . .

Fe ddaeth ysgytiad mwy o lawer drannoeth, ddydd Iau, diwrnod y cadeirio.

. . . .

Pan ddaeth yr wythnos honno yr wyf yn sôn amdani i ben, a minnau wedi trefnu i anfon y goron a'r gadair adref rywsut, mi glymais fy mhecyn y tu ôl i'r hen feic a ffarwelio â theulu'r ffarm ar ffiniau Dyffryn Clwyd. Ac meddai fy hen ewythr wrth i mi gychwyn, "Wel, 'machgen i, Gras sy arnat ti eisiau 'rŵan, Gras".'

'Congrinero', *Myfyrdodau* (1957).

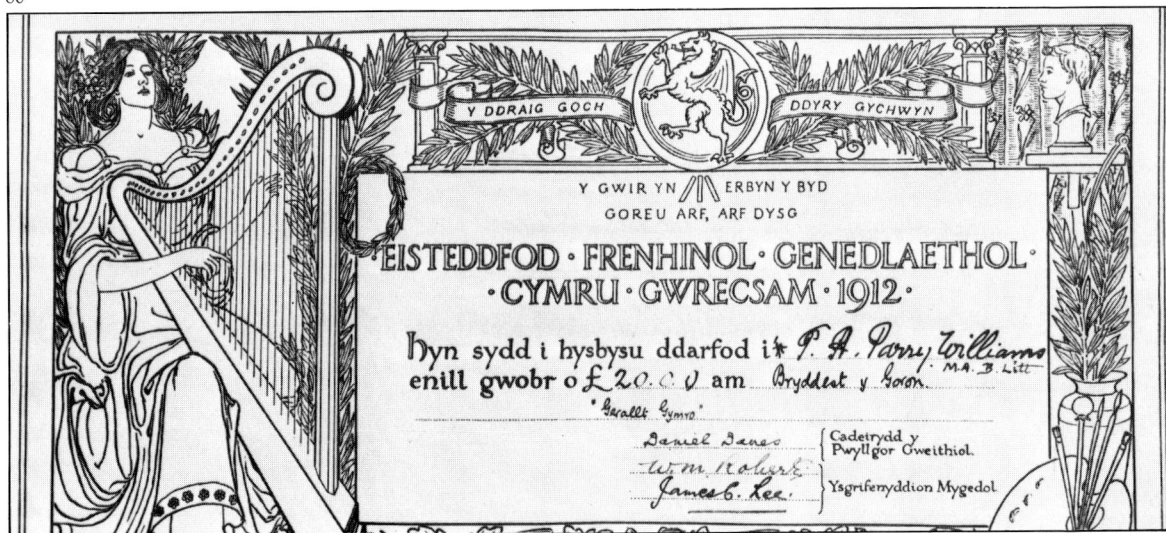

60. Tystysgrif Pryddest y Goron 1912

61. Tystysgrif Awdl y Gadair 1912

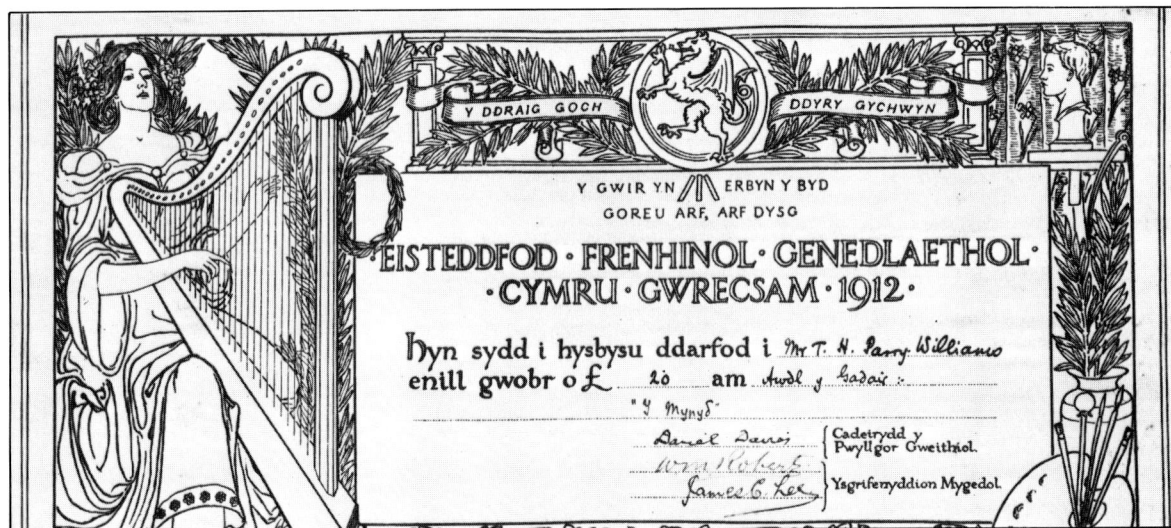

62

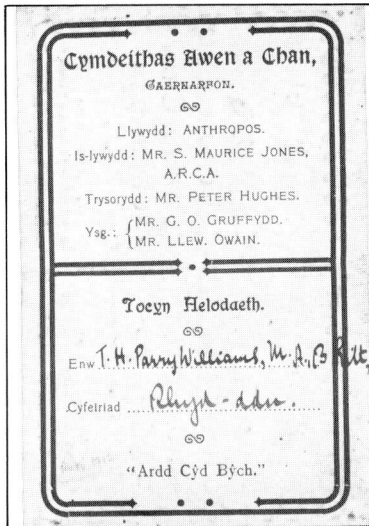

63

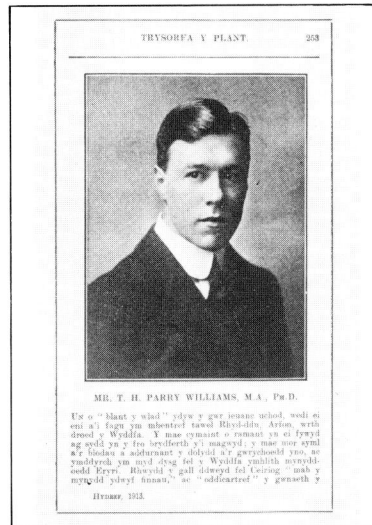

TRYSORFA Y PLANT.

MR. T. H. PARRY WILLIAMS, M.A., Ph.D.

62. Tocyn Aelodaeth Clwb Awen a Chân Anthropos, Caernarfon, Medi 1912

Trwy wahoddiad yn unig y ceid perthyn i'r Clwb dethol hwn. R'oedd i'r Clwb ei reolau pendant megis hawl i ysmygu; dynion yn unig a gâi berthyn iddo ac ni fyddid yn cyfarfod ond ar alwad ac yn ôl mympwy Anthropos ei hun. Cafodd Syr Thomas ei wahodd i ymaelodi ar ôl ennill y Gadair a'r Goron yn Eisteddfod Genedlaethol Wrecsam 1912

63. *Trysorfa'r Plant* 1913

64. Cadeiriau Eisteddfodau Cenedlaethol Wrecsam 1912 a Bangor 1915, ar y testunau 'Y Mynydd' ac 'Eryri', a Choronau'r Eisteddfodau hyn ar y testunau 'Gerallt Gymro' a'r 'Ddinas'. Gohiriwyd Eisteddfod Bangor o 1914 i 1915 oherwydd y Rhyfel. Tynnwyd y llun yn ei gartref 'Wern,' Ffordd y Gogledd, Aberystwyth, 1967

64

65

66

65. Darn o lawysgrif Y Ddinas.

Yng nghynnar oed,
Yn elff wallt-euraid yng nghoedlannau'r dref,
Heb nod marwolaeth arni, nid oedd crych
Ar lynnau gleision ei dau lygad hi,
Na dim ond syndod maboed; nid oedd fflach
Trachwant bradwrus yn eu gloywder hwy.
Ond gwaedai'i bysedd meddal lawer tro,
Dan freichiau castanwydden ar y lawnt,
Wrth rwygo plisgyn y cnewyllyn cêl, —
A chusan cariad yna'n gwella briw
Ei chnawd dolurus. Ond ni welodd hi
Argoel ddidostur yn ei chreithiau bach
Na llwybr ei cholledigaeth ar ei llaw.

66. Llawysgrif Hir-a-Thoddaid olaf Awdl 'Eryri'.

67

67. Eisteddfod Genedlaethol
Bangor 1915. Prynhawn Iau yn
union wedi'r Seremoni Gadeirio —
David Lloyd George yn barod i
annerch.

68. Gorsedd y Beirdd, adeg
Seremoni Gyhoeddi Eisteddfod
Genedlaethol Wrecsam, 1912

68

69

70

69. Coleg Prifysgol Cymru, Aberystwyth.

Darn o Gywydd Cyfarch Syr Thomas ar gyfer dathliad tri-chwarter canrif y Coleg, 1947

Dy hud a'th draddodiadau
Pur a hen a fo'n parhau.
Byth ni bydd modd diffoddi
Asbri twym dy ysbryd di.
Ni ffy rhin d'arwyddair ffraeth
'Nid byd, byd heb wybodaeth'.

Ychwanegiad i'r Cywydd ar gyfer Canmlwyddiant y Coleg, 1972

Dy orchest oedd ymestyn
I newydd fro ar hardd fryn,
Noddi dibenion addysg
Ac amlhau dy demlau dysg.
Mawredd dy etifeddiaeth
Fyddo'n rym o drum i draeth.

70. Y Darlithydd Ifanc — Haf 1914

Syr Thomas, y cyntaf ar y dde yn y rhes olaf, ar ddiwedd cyfnod ei Gymrodoriaeth ac yn ddarlithydd ifanc gyda'r Athro, Syr Edward Anwyl. Yn y llun hefyd, Timothy Lewis, darlithydd cynorthwyol a T. Gwynn Jones, darlithydd mewn Llenyddiaeth.

71

72

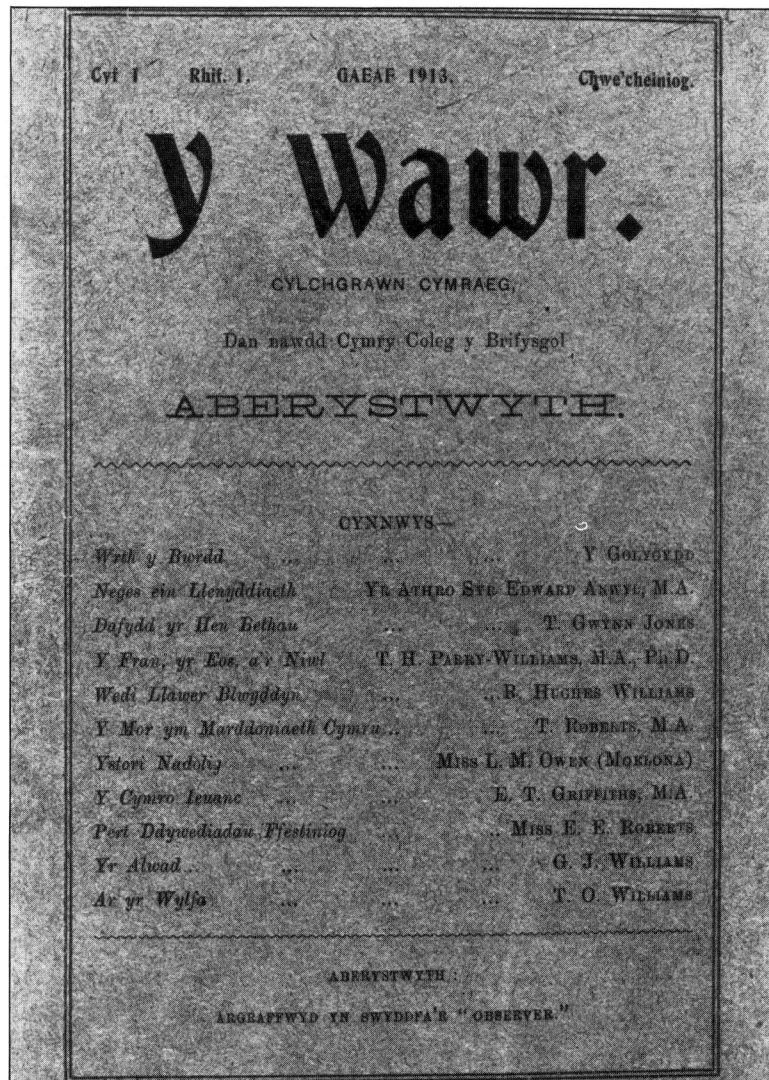

71. Pwyllgor Y *Wawr* 1917-18
Cylchgrawn Myfyrwyr Cymraeg Coleg Prifysgol Cymru, Aberystwyth.

Cyhoeddwyd tri rhifyn o'r *Wawr* yn flynyddol rhwng Gaeaf 1913 a
Gaeaf 1917. Yn rhifyn Haf 1916 fe gynhwyswyd erthygl gan D.J. Williams
(Abergwaun) yn dweud pethau go danbaid ar gwestiwn y Rhyfel a
chenhedloedd bychain. A mawr fu'r helynt. T. Hughes Jones oedd y
Golygydd ar y pryd. Gaeaf 1917, W. Ambrose Bebb oedd y Golygydd, ac
yn ei nodiadau golygyddol, fe ymosododd yn chwyrn ar y "dyddiau blin"
ac ar awdurdodau'r Coleg am eu hagwedd at Gymreigrwydd y sefydliad
hwnnw yn ogystal ag at agwedd rhai Cymry o fyfyrwyr. Canlyniad hyn
oedd gorchymyn aelodau'r Pwyllgor i ddiarddel y Golygydd.
Gwrthodwyd. Yn hytrach, rhoddwyd pen ar yrfa'r *Wawr*, drwy i'r
aelodau benderfynu y byddent i gyd yn ymddiswyddo gydag Ambrose
Bebb. Yn union wedi'r helynt, aethant i dynnu eu llun, mewn du
galarus, i nodi angau'r cylchgrawn. Gyda'r myfyrwyr yn y llun, gwelir y
darlithydd ifanc a'u cefnogodd ac a aeth gyda nhw i ddadlau dros Y
Wawr. Fe fu ef o'r cychwyn yn un o gynrychiolwyr yr Hen Efrydwyr ar y
Pwyllgor.

73

73. Cwmni Drama'r Coleg.
Perfformiad o *Y Ddeddf* (Gwynfor)
Gŵyl Ddewi 1917

74. Ysgol Sul Siloh, Aberystwyth,
1917 — Yn Athro Dosbarth y
Myfyrwyr.

74

75

University College of Wales

ABERYSTWYTH.

✱✱

STUDENTS' COUNCIL.

✱✱

No..687..Amount Paid..16/...

Issued to..Dr. T. H. Parry Williams...

By ...We the Wales...

✱✱

This ticket entitles its holder to all the benefits of the Amalgamation Fee Scheme for Session 1918—19.

Transference of this Ticket, or failure to produce when demanded, will entail a loss of the privileges conferred by the Scheme.

75. Cerdyn Aelodaeth Adran Myfyrwyr Gwyddoniaeth.

Bu Syr Thomas yn fyfyriwr yn yr Adran o 1919-1920

'Cofrestrodd Parry-Williams yn efrydydd yng Nghyfadran Gwyddoniaeth, gan astudio pynciau megis swoleg, a'i fwriad oedd cyflawni cwrs blwyddyn gyntaf gradd B.Sc., fel rhagarweiniad a oedd yn angenrheidiol i ddilyn cwrs cyflawn mewn Meddygaeth . . .'

Allan o 'Atgofion Myfyrwyr', Iorwerth C. Peate *Y Traethodydd*, Hydref 1975

'Do, y flwyddyn honno, wedi'r hir ystod, mi ddechreuais ar gwrs caled o astudio pedwar o bynciau gwyddonol, a rhai ohonynt yn bur fygythiol i ymennydd oedd wedi hen arfer gyda phethau go wahanol; ond mi ddeuthum drwyddi yn syndod ar syndod o lwyddiannus.'

'Y Flwyddyn Honno', *O'r Pedwar Gwynt* (1944)

'O'r holl "ronynnau sylfaenol" (ac y mae'r nifer yn cynyddu o hyd, meddir i ni) yr un sydd wedi fy swyno i, o ran ei enw a'i gampau, yw'r brawd bychan o ddewin a elwir, fel petai'n Eidalwr, yn *neutrino*, y troellwr a'r ysbeiliwr gorchestol sy'n bod a pheidio â bod yn ôl ei fympwy ei hun. Petawn i'n gwybod am y gronynnyn penchwiban hwn flynyddoedd yn ôl, mi fyddwn i wedi mynd ati-hi i geisio llunio soned iddo; a phetai'r soned honno wedi digwydd bod yn un weddol awenyddol, mi allwn i sôn amdani heddiw, yn wyneb holl ddyfaliadau gronynnol a ffansiol-ffantasïol ffiseg am natur mater a'r agweddau "ysbrydol" sydd iddynt, fel rhywbeth y gallai fod gan yr awenydd *neutrino* ei hun rywbeth i'w wneud â'i lunio. Hynny yw, yn fyr, soned ar "Neutrino" gan y *neutrino* ei hun — os na chanfyddwn i fod *Anti xi Zero* wedi bod yn ymyrryd â'r fusnes. Fe fyddai'n ddiddorol cael barn arni gan feirniad llenyddol wedi ei drwytho yn egwyddorion a "deddfau" ffiseg atomig.'

'Pendraphendod', *Pensynnu* (1966)

76

76. Aduniad Yr Adran Gemeg ar achlysur Dathlu Canmlwyddiant y Coleg, 1972. Yn y llun gwelir o'r chwith —

Y Prifathro Syr Goronwy Daniel,
Dr. William Thomas,
Yr Arglwydd Kenrick Wynne Jones
a'r Athro John Thomas.

'Wedi cael dull o "ddosbarthu" 'r gronynnau "elfennol" fel yna, yn fathemategol deidi, dyma ddychmygu'n gywrain oruwchnaturiol bron fod tri gronyn sylfaenol yn "sail" i'r cyfan, gydag *"anti"* bach yn bartner i bob un (rhaid cael *anti**). Gan fod y tri gronyn dychmygedig hyn yn rhai cyfrin ac annirnadwy bron, a heb ddod i fodolaeth gydnabyddedig eto, fe aethpwyd i fyd baldorddeg ddyrys i chwilio am label iddynt. Efallai mai cywirach fyddai dweud mai ymgynnig yn ddigymell a naturiol a wnaeth y label, a hynny oherwydd anniffinioldeb ac astrusi bodolaeth dybiedig y triawd "sylfaenol" hyn. (Gobeithio fy mod i'n gwneud popeth yn eglur, ac nad oes dolen-gydiol hanfodol ar goll yn yr ymdriniaeth yma.)

. . . .

* Mae mater yr antis partnerog yma yn peri i mi feddwl am antics (maddeuer i mi) y llanc pendronol hwnnw o'r wlad. Wrth groesi cae, fe ddaeth at ffos weddol lydan. "Mi fetia' i i ti chwecheiniog", meddai wrtho'i hun (wrth ei anti, fel petai), "na neidi di mo'r ffos 'ma." Neidio — yn glir. "Mae arnat ti chwecheiniog i mi," meddai. Troi wedyn ac wynebu'r ffos eilwaith, a dweud, "Mi fetia' i i ti chwecheiniog na neidi di moni hi'n ôl." Neidio — a disgyn i ganol y ffos. Wedi cael ei wynt ato, fe ymsythodd yn y dŵr ac ebychu, "Dyna ni'n chwits!"

'Samarkand', *Pensynnu* (1966)

Ar ddiwedd ei gwrs dyfarnwyd iddo Ysgoloriaeth Tom Jones mewn Llawfeddygaeth. Ond yn Adroddiad Llys y Coleg ar 29ain o Hydref 1920 wele'r cofnod hwn:

'The Chair of Welsh vacant since the lamented death of Sir Edward Anwyl in 1914 has now been filled by the appointment of his most distinguished pupil, Dr. T.H. Parry-Williams.'

Yn yr un Adroddiad cyhoeddir bod yr Ysgoloriaeth 'vacated by Professor T.H. Parry-Williams' i'w rhannu bellach rhwng dau fyfyriwr arall.

77

77. Dosbarth Anrhydedd 1920-21

Blwyddyn Gyntaf Syr Thomas yn Athro Cymraeg, gyda'r Athro T. Gwynn Jones a ddaliai Gadair Gregynog mewn Llenyddiaeth Gymraeg.

'Darlithiai Gwynn Jones ar Hanes Llenyddiaeth Cymru a Parry-Williams ar amrywiaeth anhygoel o feysydd. Dr. Parry oedd yn ein tywys i "ddyallu" tipyn ar y Llyfr Du a'r Hen Gymraeg; fe a agorodd inni 'Lyfr yr Ancr,' Brut Sieffre, y Pedair Cainc a'r Rhamantau mewn Cymraeg Canol; fe eto oedd yn ein hyfforddi mewn Hen Wyddeleg, Llydaweg a Chernyweg, ac yn bennaf oll, fe a'n cyfareddodd ni â'r pwnc a elwid bryd hynny yn *Celtic Philology* (Ieitheg Geltaidd yn ddiweddarach). Dyna'r maes mwyaf diddorol o ddigon i mi yn y cwrs cyfan.'

Atgofion Cassie Davies o'r *Gyfrol Deyrnged* (1967)

Miss Cassie Davies yw'r ail o'r chwith yn y rhes flaen.

78. Dosbarth Anrhydedd, 1932

Gwenallt oedd yr unig ddarlithydd. Ymhlith y myfyrwyr gwelir Thomas Jones (ar y chwith yn y rhes flaen) a olynodd Syr Thomas yn Athro, ac Amy Thomas (yn y rhes ôl) a ddaeth wedyn yn wraig i Syr Thomas.

79

79. Ei Ddosbarth Anrhydedd Olaf cyn ymddeol, 1952. Gyda Gwenallt, Thomas Jones a Garfield Hughes — y tri darlithydd.

'Fy hen ŵn du i — y lifrai darlithio colegol: bobol annwyl! Nid profiadau efrydydd, felly, a oedd wedi ymgrynhoi yng ngwead hwn, ond dychlamiadau a dirgryniadau athro. Fe glywodd y gŵn hwn ddatganiadau cymysgryw ar bynciau o bob math, *ex cathedra*, "o'r gadair," o dro i dro ar hyd y maith flynyddoedd, ac fe ymglywodd â chyffroadau anhraethadwy wrth hongian a siglo'n osgeiddig wrth ysgwyddau'r athro. Fe aeth ei ddu yn rhannol gochddu o ddeng mlynedd i ddeng mlynedd, er gwaethaf y llwch sialc a oedd yn llechu'n llwythog ynddo; fe aeth ei gyfanrwydd gwnïedig yn rhubanau wrth ei wisgo'n feunyddiol dros gyfnod hirfaith. Nid effaith uniongyrchol yr hyn a glywai ac a deimlai'r gŵn ydoedd hyn, ond yn hytrach y diliwio a'r darfodedigo sy'n dynged dyn a deunydd.'

'Gynau Duon', *Myfyrdodau* (1957)

80. Cyfarchiad Athrawon Cymraeg Prifysgol Cymru i'r Athro Loth, Prifysgol y Sorbonne, Paris.

Ganwyd Joseph Loth yn ardal Morbihan, Llydaw, yn 1847 a bu farw ym Mharis yn 1934. Cyhoeddodd astudiaethau niferus o'r ieithoedd Celtaidd, yn enwedig y Llydaweg.

80

81

82

81. Derbyn Gradd Ll.D., (Cymru) Er Anrhydedd, 1960. Fe'i cyflwynwyd gan Yr Athro J.E. Caerwyn Williams.

82. Tystysgrif Gradd Doethor yn y Cyfreithiau.

83. Yn derbyn y Gyfrol Deyrnged *Astudiaethau Amrywiol* gan aelodau o staff Adran Gymraeg Coleg y Brifysgol, Aberystwyth 1969; sef o'r chwith — Dafydd Bowen, Brinley Roberts a Garfield Hughes.

83

84

84. Y Gyfrol Deyrnged.

'Y mae'n fraint gan y deg ohonom sydd ar hyn o bryd ar staff yr Adran Gymraeg yng Ngholeg Prifysgol Cymru, Aberystwyth, gael cyflwyno'r gyfrol hon i Syr Thomas a gofyn iddo fod cystal â'i derbyn yn arwydd o'n gwerthfawrogiad o'i gyfraniadau i Lenyddiaeth Gymraeg ac i ysgolheictod; o'n hedmygedd ohono, ac o'n teimladau cynnes tuag ato.' — Thomas Jones.

O Ragair *Astudiaethau Amrywiol* (1969)

85. Yr 'Athro Methedig!'

'Y ffurf swyddogol ar y teitl yw *"Professor Emeritus"* neu *"Emeritus Professor"*. Felly, dyma'r hen athro yn athro teitlog, ond anghadeiriog, drachefn. Nid yw'n gyn-athro mwy; a diolch am hynny: y mae hynny'n swnio'n rhy debyg i *ex-convict*, neu enw ar ddyhiryn cadwedig o'r fath.'

'Athro Methedig', *Myfyrdodau* (1957)

86. Rhestr o ddyddiadau a nodiadau yn llawysgrifen Syr Thomas.

86

87

87. Y daith hir a wnaeth yn 1925
Tynnwyd y llun o *track chart* y
'Royal Mail Steam Packet
Company.'

'Duw yn unig a ŵyr pa beth a barodd i mi wneud peth mor rhyfedd — i
mi. Yr oedd cymaint o fodder gyda chael pob math o *visa* a gweld
cynrychiolwyr y gwahanol wledydd tramor oedd i fod ar lwybr y daith, a
chant a mil o ffwdanau a thrafferthion, fel y mae'n broblem annatrys i
mi yn awr wybod sut yn y byd mawr y mynnais wneud y fath beth â
threfnu'r daith hon. Mynd daith fisoedd trwy ganolbarth America, trwy
India'r Gorllewin a Chamlas Panama, ac i orllewin De America, a
chroesi mynyddoedd yr Andes . . . Gwarchod pawb! dyna wallgofrwydd.
A mynd fy hun. Ond mi euthum — do; y mae'n rhyfedd gennyf ddweud
— ac yr wyf hyd heddiw yn methu coelio i mi wneud y fath beth
anghredadwy.'

'Llysywod', *O'r Pedwar Gwynt* (1944)

88. Llawysgrif 'Y Ferch ar y Cei yn Rio'.

Plyciai'r tygiau'r llong tua'r dwfn,
  A'r fflagiau i gyd yn chwyrlïo;
O'r cannoedd oedd yno, ni sylwn ar neb
  Ond ar ferch ar y cei yn Rio.

Ffarweliai â phawb — nid adwaenai neb —
  Mewn cymysgiaith rhwng chwerthin a chrïo;
Eisteddai — cyfodai: trosi a throi
  A wnâi'r ferch ar y cei yn Rio.

Anwesai lygoden ffreinig wen
  Ar ei hysgwydd, a honno'n sbio
I bobman ar unwaith, fel llygaid di-saf
  Y ferch ar y cei yn Rio.

Efallai ei bod wedi bod ryw dro
  I rywun yn Lili neu Lïo;
Erbyn hyn nid oedd neb — nid ydoedd ond pawb
  I'r ferch ar y cei yn Rio.

Ac eto ynghanol rhai milain eu moes
  Ni welais neb yn ei difrïo,
Nac yn gwawdio gwacter ei ffarwel hi —
  Y ferch ar y cei yn Rio.

Pwy a edrydd ynfydrwydd ei chanu'n iach,
  Neu'r ofn a ddaeth im wrth bitïo
Penwendid y ferch â'r llygoden wen —
  Y ferch ar y cei yn Rio?

Cerddi (1931)

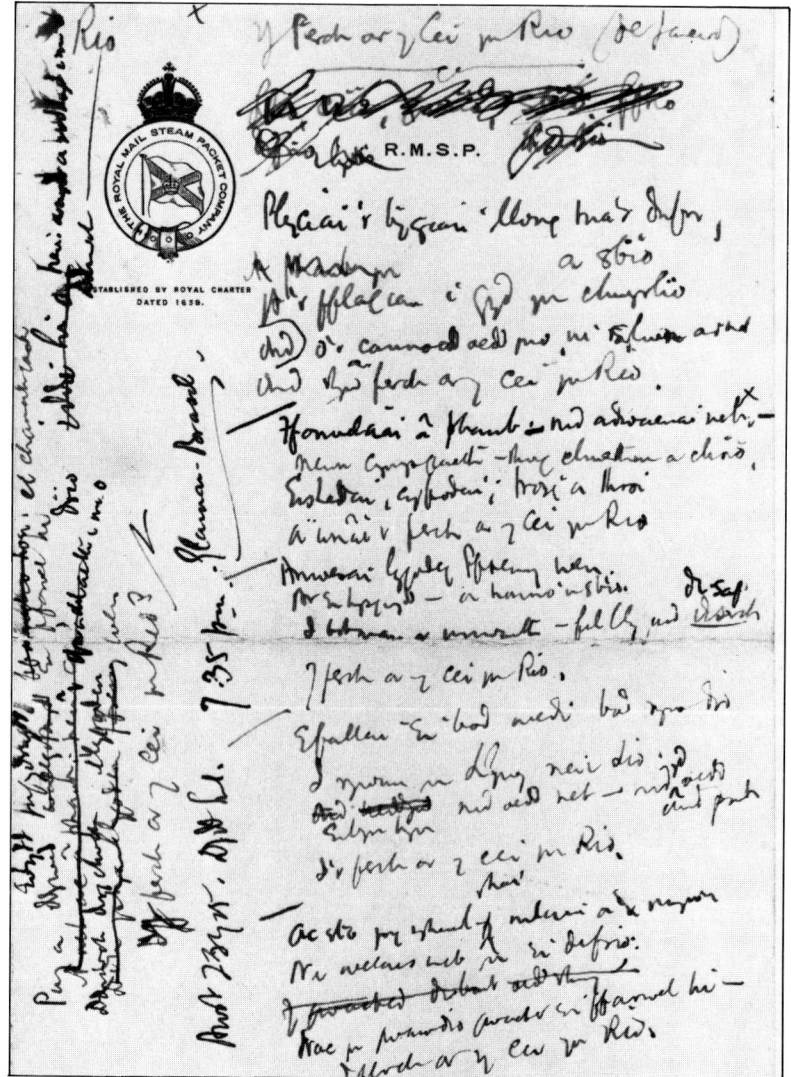

89

89. Syr Thomas ar ddec llong y 'Royal Avon' yn y 'North Atlantic' — Awst 31, 1925

90. Y 'Santa Fe'. Llun yw hwn, a'r rhai sy'n dilyn, o'r ail daith hir 1935 — y tro hwn i Ogledd America.

Rwy'n mynd yn rhywle, heb wybod ym mh'le
Ond mae enw'n fy nghlustiau — Santa Fe,

'Santa Fe', *Synfyfyrion* (1937)

'Ar adran o daith hir i gyfeiriad y deau-orllewin yr oeddwn ar y pryd. Anelu am Los Angeles o Chicago, ar y lein Santa Fe, mewn trên o'r enw *Grand Canyon Limited* ac mewn cerbyd o'r enw *Swan Lake*. Yr oedd hi'n un ar ddeg o'r gloch y bore, a minnau wedi cysgu noswaith yn y trên newydd ar ôl gadael Chicago. Yr oeddem wedi stopio yn Kansas City. Dyna'r cofnodion dyddiadurol, heb fod yn meddwl dim i neb, efallai, ond i mi fy hun. Yr wyf yn eu nodi yn unig am fod rhyw swyn i mi ym mhellter soniarus yr enwau ac am eu bod yn ymgymysgu'n ddireol gyda busnes y diwrnod hwnnw.'

'Ar y Santa Fe', *O'r Pedwar Gwynt* (1944)

90

91.

91. Crist yr Andes.

'Y mae rhai pethau y bu dyn bron â pheidio â'u gweld, yn aros weithiau yn fwy byw yn y cof na'r gweledigaethau y bu'n hir syllu arnynt, oherwydd yr ymdrech a wneir i geisio dal yr olwg arnynt a threio'i chadw'n fyw. Y mae gennyf ddyddlyfr o'm teithiau wedi eu hysgrifennu'n llawn a manwl; ond er bod darllen y rheini yn dwyn pethau ar gof, nid ydynt yn gallu ail-greu'r olwg a gafwyd ar ambell beth. Fe erys y golygon hynny, neu ddiflannu, dyddlyfr neu beidio. Ond y mae ambell olwg, oherwydd cyffro ynglŷn â hi, sy'n aros yn y pen yn fwy o gof am edrych a gweld nag o'r gweld ei hun yn arhosol fyw yn y cof. Peth felly, mi goeliaf, i mi yw'r olwg a gefais ar Grist yr Andes; gweld a oedd bron yn beidio â gweld ydoedd.'

'Crist yr Andes', O'r Pedwar Gwynt (1944)

92.

Big tree 'Genl. Fremont' Santa Cruz, Cal. (Genl. Fremont camped in this tree in 1846) Hollow burned out by forest fire. Large enough to hold 50 people.

92. Y Coed Mawr.

Yr angenfilod cochion o goed,
Sy'n dal gan henaint, yn braff gan oed,

'Y Coed Mawr (Santa Cruz, California)', Synfyfyrion (1937)

'Yn wir, mi gofiais i am un peth plentynnaidd iawn felly a ddigwyddodd i mi, a minnau'n ddyn yn-fy-man ac yn ddigon call i wybod gwell: dod â darn bach brau o risgl un o'r Coed Mawr cochion, coed — a bywyd — hynaf y byd, o fforest ohonynt sydd yn dal i dyfu yn Santa Cruz, California. Ac y mae'r tamaid rhisglyn, yn ddarn marw o bren byw, mewn drôr yn fy nesg i y funud yma.'

'Pagan Glân', Myfyrdodau (1957)

93

93. Grand Canyon.

Peth od imi gychwyn ar hyn o daith
Dros y miloedd ar filoedd milltiroedd maith,

Am i rywbeth o'm mewn heb lais na chri
Weiddi, "Grand Canyon: dos yno, di "

'Grand Canyon', *Synfyfyrion* (1937)

94. Niagara.

Ysigol yw gwyrthiau'r ddaear ar ddyn
Pan fo hwnnw ar daith gydag ef ei hun.

'Niagara', *Synfyfyrion* (1937)

94

95. Syr Thomas ar lan y Pasiffig 1935

'Pan welais y Pasiffig am yr ail dro, edrych arno fel terfynbeth a wneuthum i, pen-draw cyfandir, lle na ellid mynd ymhellach ar dir. Ac er i mi, yr ail dro, gael tynnu fy llun ar dywod ei lan, rhyw droi fy nhrwyn arno yr oeddwn i, a smocio sigaret yn ddigon dihitio. Nid oedd ynof osgo syllu fel *"stout Cortez"* â'i *"eagle eyes"* y tro hwn ychwaith. Yn wir, mi luniais rigwm bach eithaf sarhaus arno, gan ddiweddu gyda'r llinell:

  Mae dwywaith yn ddigon i'th weled di.

Gobeithio na chaiff y Pasiffig ddim cyfle i dalu'n ôl i mi.'

'Ar Fôr ac ar Dir', *Myfyrdodau* (1957)

96

96. Yn y Stydi.

'Y mae pob gwir lenor felly, pa beth bynnag fo pen-draw neu gasgliad neu ffrwyth ei fyfyrio, yn argyhoeddedig ar y pryd ei fod wedi cael gafael ar wirionedd am y tro, wedi cael cyfrinach o rywle, wedi profi synhwyriad sy'n newydd iddo ef, – ac yng ngrym yr argyhoeddiad hwnnw y mae'n ysu am ei fynegi, er iddo, rywdro wedyn, yn ddigon posibl anghytuno ag ef ei hun, oherwydd fe all yr un llenor gael ei arwain yn ei dro i fwy nag un o'r gwahanol gyflyrau y cyfeiriwyd atynt. Y mae'r fath beth, felly, â gwirionedd llenyddol, rhywbeth sydd, ar yr awr y profir ef, mor wir a gwirioneddol ag y gall dim fod i ddyn, heb orfod gofyn "Beth yw gwirionedd?" '

'Llenydda', *Synfyfyrion* (1937)

Chums

"Mi genwn' ar llw fod y Brenin mawr a'r Hen Bant yn chums." —
Ail Bryan.

Ar bechwedan ymyl Seren, hoff gan ddur
'Ambell egwyl rhwng corddynion o bob rhyw.

Williams putan weithian'n belino a y Braink
Hanno gyd o cael gymdeithas gyda'i saint.

Dirgel-gwrdd i felys-dorri y pethau drud
Hyfedd hyny nad adwaeni'r nef na'r byd.

97. Llawysgrif 'Chums'.

"Mi gymra' fy llw fod y Brenin Mawr a'r hen Bant
yn *chums*." — Wil Bryan.

Ar lechweddau Mynydd Seion, hoff gan Dduw
Ambell egwyl rhwng gorchwylion o bob rhyw.

Williams yntau weithiau'n blino ar y fraint
Honno sydd o gael cymdeithas gyda'r saint.

Dirgel-gwrdd i felys-drin y pethau drud
Rhyfedd hynny nad adnabu'r nef na'r byd.

'Chums', *Llofion* (1942)

98. Llawysgrif 'Haf 1942'

Am fod gogwydd yn echel y Ddaear hon,
Hyd at bedair gradd ar hugain ymron,

Y mae cwrs y tymhorau o un i un
Yn dod yn ddiwrthdro, er gwaethaf dyn.

Ac nid yw'r tymhorau yn malio draen
Pa faint a wna dyn o stomp a staen.

Mae hi'n haf eto 'leni o Fôn i Went
Am fod echel y Ddaear hon ar slent.

'Haf 1942', *Lloffion* (1942)

99

99. KC 16

Prynwyd KC 16 ym mis Medi 1920. Ymddangosodd yr ysgrif gyntaf yn rhifyn cyntaf Y *Llenor*, Gwanwyn 1922.

'Adwaen bellach ei foddau o benbwygilydd: yr wyf yn hen gynefin â churiad ei galon ac ag anadl ei fynwes. Ar ben rhiw, wrth roddi gorffwys iddo ef ac i mi fy hun, gwn drwy gyfrin-gredu fod ei galon yn curo'n ddistaw a'i anadl yn mynd a dyfod yn esmwyth, er nas clywir. Byddaf yn edrych arno'n gariadus a'i ganmol i'r cymylau, teimlo'i fynwes gynnes, a thynnu ambell ddraenen o'i groen.'

'KC 16', *Ysgrifau* (1932)

100. Y Car Cyntaf — Bayliss Thomas

Syr Thomas gyda'i chwaer Eurwen — ar y ffordd o Ryd-ddu i Feddgelert, 1922

101. Yr Ail Gar — Lea Francis — Llungwyn 1931, ger Aberystwyth.

101

102

102. Y JC 3636 — Lanchester.

'Mi dynnais y gêr *differential* allan yn un swp taclus. (Y *diff* yw ein henw ni'r arbenigwyr ar y teclyn gwyrthiol hwn). Ar ôl hir fyfyrio a dwys bendroni, dyma weld y gyfrinach.'

'Ffidlan', *Myfyrdodau* (1957)

'Y truenuswir amdani-hi yw fod y car yn dadfeilio, fel popeth a phobun yn ei dro.

. . . .

Mi fyddaf yn aml yn cael hanner awgrym gan gyfeillion y dylwn gael gwared ag ef. Ond beth a wnawn i heb gar? Nid wyf yn hidio lawer fod rhyw daclau snerllyd yn taflu lach arno; ond gwrandewch ar hyn. — Bore ddoe yr oeddwn i wedi ymdrwsio ac wedi mynd i mewn i'r hen gar, ac yn eistedd yn eiddgar gychwyngar wrth yr olwyn-lywio, a dyma fy ngwraig o bawb, wrth edrych arnom ein dau — y car a minnau, yn lleisio'n watwarus y caswir moel, "Swanc budur". Ni wyddwn i'n sicr pa un ai ataf i ai at y car yr oedd hi'n cyfeirio. Pa un bynnag, yr oedd y ddeuair hynny yn llawn mor ystyrlon â phregeth ddwyawr ar Ddarfodedigrwydd.'

'JC 3636', *Myfyrdodau* (1959)

103. Dau Arddwr!

Yng ngardd ei gyfaill, Henry Rhys Evans, Ysgolfeistr
Talybont, Ceredigion, 1930. Dyma'r cyfaill y cyfeirir ato yn y gerdd
'Cyfaill — Er Cof', ac yn yr ysgrifau 'Prynu Caneri' a 'Boddi Cath'.

'Dro'n ôl, ar awr wan mewn hwyl hysbysol, cyfaddefais a chyhoeddais
imi fod yn boddi cath. Ni waeth imi ddywedyd y cwbl bellach. Gyda'r
un cyfaill a thua'r un adeg y bûm yn prynu caneri, ac nid oes dim fel
mynd gyda'i gilydd i foddi cath a phrynu caneri i gleinsio cyfeillgarwch
rhwng dau ddyn. Gyda'r naill y mae naws anturiaethol yn gymysg ag
ymdeimlad amhendant o fod ar berwyl drwg. Y mae peth boddhad
ansicr yn y ddau orchwyl, ond am nad yw'n ddiledryw hollol, rhaid cael
dau ddyn — dau gyfaill — i'w profi'n debyg i gyflawn.

. . . .

Y mae un gorchwyl arall gyda'n gilydd yn aros i'w gyflawni, sef lladd
mochyn, neu weithred gytras gyffelyb. Dylai'r cymundeb rhyngom fod yn
berffaith wedyn — a chyda llaw, yn ychwanegiad at y Trioedd. Os byth
y daw'r diwrnod hwnnw, bydd yn sicr o fod yn un o ddyddiau coch
calendr fy mywyd. Ond, ysywaeth, wedi i ddyn foddi'r gath, prynu
caneri a lladd ei fochyn — y tri hyn — ni bydd dim yn aros ond
terfynoldeb diflas a di-ias. Arhoswn felly ronyn bach yn nifyrrwch
gogleisiol y gohirio.'

'Prynu Caneri', *Olion* (1935)

104

104. Un arall o gyfeillion agos Syr Thomas — Y Parch. O.H. Jones, Llanilar.

'Yr oedd 'O.H.,' yn gerddor yn ogystal ag yn ysgolhaig a gŵr diwylliedig. Pan oeddem ni yn Rhydychen, fe wnaeth i mi gyflawni gorchest, sef canu englynion "gyda'r tannau" i'w gyfeiliant piano ef, yn un o gyfarfodydd Cymdeithas Dafydd ap Gwilym! Peth arall: yn ystod gwyliau coleg y cyfnod cynnar hwnnw, fe fyddem ni'n dau yn ymweld yn aml â'r Parch. Rhys Lewis, Salem, Betws Garmon, i chwarae *croquet* ar lawnt heb fod ymhell o'i dŷ, ac fe gaem hwyl anarferol wrth ymgodymu â'r gŵr parchedig hwnnw a oedd yn gryn giambler ar y gêm.'

Dyfyniad o'r '*Goleuad*'

105

105. Yr Heliwr.
Ym Mhontyberem, 1943

'Mi synnwch glywed, efallai, fod "asgen saethu" (chwedl William Cwellyn) ynof o gwbl; ac mi synnwch fwy ddeall fy mod wedi saethu aderyn mor hardd gyffrous â chyffylog. Ond hela yw hela, ac y mae cyffylog yn gêm ac yn aderyn go anodd ond gwerth ei saethu.'

'Nimrod', *Myfyrdodau* (1957)

106. Y Darn Pren.

'Un o'r pethau mwyaf beiddgar a wneuthum erioed oedd torri f'enw dan enw Byron ar y mur yng Nghastell Chillon ar lan Llyn Geneva. Gwneud pan oedd y gwyliwr yn troi ei ben draw, gan fod ychwanegu enw at y miloedd oedd yno eisoes ar y muriau, yn drosedd erbyn hynny. Yr oedd torri enw yn hen arferiad gan yr hogiau gynt, fel y mae gan fechgyn o hyd. Byddent yn torri eu henwau ar bopeth, yn rhisgl coed, yn gen cerrig, yn fainc ysgol, yn unrhyw beth, yn enwedig os byddai enw rhywun arall yno'n barod.

. . . .

Mi dorrais i f'enw unwaith yn dragwyddol ddwfn ar un o ddistiau beudy Oerddwr. Byddaf yn synnu wrth feddwl i mi gael digon o amynedd i'w orffen.'

'Hafod Lwyfog', *O'r Pedwar Gwynt* (1944)

106

107. Pren Celyn Hafod Lwyfog.

'Ond y tro olaf i mi gael y chwiw oedd yn Hafod Lwyfog ychydig flynyddoedd yn ôl . . . ar risgl esmwyth cangen o bren celyn mawr.'

'Hafod Lwyfog', O'r Pedwar Gwynt (1944)

108

RICHARD JONES, OF ABERDARON
(DIC ABERDARON)
THE CELEBRATED LINGUIST.
BORN 1780.

108. Dic Aberdaron.

Yn oriel yr anfarwolion mae ambell glic,
Megis yr un lle ceir y Bardd Cocos a Dic —

Gwŷr o athrylith; ond gyda bodau o'r fath
Nid yw mesur eu llathen hwy yr un hyd â llath.

. . . .

Parchwn ei goffadwriaeth, oll ac un.
Mawrygwn yr ieithmon a'r cathmon hwn o Lŷn.

Os ffolodd ar fodio geiriadur a mwytho cath,
Chware-teg i Dic — nid yw pawb yn gwirioni'r un fath.

'Dic Aberdaron', *Ugain o Gerddi* (1963)

109. Dic Aberdaron.

109

110

110. Llawysgrif trosiad o 'Linden Lea' (William Barnes). Fe'i gwnaethpwyd ar gais un o'r myfyrwyr yn Adran Gerdd Coleg y Brifysgol Aberystwyth yn Ionawr 1936

'Gyda llaw, tipyn o fenter fyddai ceisio dehongli pwrpas geiriau gyda cherddoriaeth, a rhyfygu ceisio setlo'r cwestiwn pa un ai'r geiriau sy'n gogoneddu'r gerddoriaeth ynteu fel arall, ai ynteu rhyw ymogoneddu y maent. Os yw naturioldeb arfer yn safon i farnu wrtho, yna, yn ôl a ddywedir, mewn cân werin y mae'r geiriau'n gwneud eu gwaith cerddorol orau; mewn cyfansoddiadau cerddorol mwy uchelgeisiol a dramatig a chelfyddydol, meddir, y mae ieuad geiriau a nodau yn fwy anghymarus.'

'Geiriau', *Lloffion* (1942)

'Y Lôn i Lan-ar-li'.

O fewn i'r coedlan dawel dirion,
    Lle mae'r deri'n cadw oed,
Bydd y gwair a'i fysedd hirion
    Yno'n crynu dan fy nhroed;
        Ac adar cerdd yn eilio cân,
        A'r dŵr yn dawnsio'n donnau mân;
            A gwên i mi gan ros di-ri'
            Ar lwyni'r lôn i Lan-ar-li.

Pan fydd y dail oedd gynnau'n glasu,
    Oll yn crino yn y llwyn,
Ac adar cân yn hir ddiflasu
    Tiwnio ar eu tannau mwyn,
        Ac aeddfed ffrwyth ar frig y pren,
        A melyn heulwen yn y nen,
            Bydd gwledd i mi o ffrwythau ffri
            Ar lwyni'r lôn i Lan-ar-li.

I eraill boed yr aur i'w geisio
    Yn ystryd y dref a'r mwg;
Ni wn ofn un dyn a dreisio,
    Er na hidia neb mo'm gwg.
        'Rwyf yn rhydd i fynd ar hynt,
        Neu fynd yn ôl i'r cartre gynt,
            Lle mae i mi y rhos di-ri'
            Ar lwyni'r lôn i Lan-ar-li.

111

112

111. Syr Thomas a'r Fonesig Amy Parry-Williams y tu allan i'w cartref, 'Wern', Ffordd y Gogledd, Aberystwyth, c.1944

112. Gyda'r Parch. Madoc Thomas, cyn-reithor eglwys Tremarchog, Dyfed. Ef a weinyddodd yno ym mhriodas ei chwaer, Miss Amy Thomas o Bontyberem, a Syr Thomas, fis Awst 1942

113. 'Teulu Reading'. Ei chwaer Eurwen, Edgar, Bethan, Carys. Haf 1944

113a. Gyda Ann a Wyn, plant ei frawd Oscar, Sulgwyn 1934

114. Rhieni a chwaer y Fonesig Parry-Williams, Haf 1944 — yng ngardd y 'Wern'.

115. Gyda Wynne ei frawd, a'i nith Glenda, Gwanwyn 1936

116. Darlun Powys Evans o Syr Thomas, 1936

117. Troswyd geiriau'r Opera hon i'r Gymraeg gan Syr Thomas gogyfer ag Eisteddfod Genedlaethol Rhosllanerchrugog, 1947

114

113

113a

115

116

117

LIBRETTO CYMRAEG

FAUST
(Gounod)

OPERA BUM ACT

Cyfieithiad a Chyfaddasiad o Ffrangeg J. Barbier a M. Carré gan
T. H. PARRY-WILLIAMS

PRIS 2/6

CYHOEDDIR DROS GYNGOR YR EISTEDDFOD GENEDLAETHOL GAN
GWMNI CYHOEDDI GWYNN, LLANGOLLEN

THE GWYNN PUBLISHING CO., LLANGOLLEN, N. WALES

MADE IN GREAT BRITAIN

118. Cyhoeddiad yn y *Radio Times* Rhagfyr 16, 1955. Perfformiwyd y fersiwn Cymraeg hon hefyd yn un o Gyngherddau Eisteddfod Genedlaethol Aberdâr 1956

119. Aria allan o Anthem Chandos Rhif 9 (Handel). Troswyd y geiriau i'r Gymraeg gan Syr Thomas ar gyfer Eisteddfod Genedlaethol Cricieth, 1975

118

120

120

120. 'Beth yw'r Haf i Mi?'

Alaw heb deitl a awgrymwyd ei chynnwys gan Dora Herbert Jones mewn rhaglen deledu (W.W.N.,) a gynhyrchwyd gan John Roberts Williams, 1963. Cofnodwyd yr alaw, ond heb eiriau, gan feiolinydd o'r enw Johann Baptist Malchair, a'i clywodd yng Nghastell Harlech yn y ddeunawfed ganrif. Cyfansoddwyd y geiriau gan Syr Thomas a'r Fonesig Parry Williams.

121. Y llefarwr barddoniaeth.

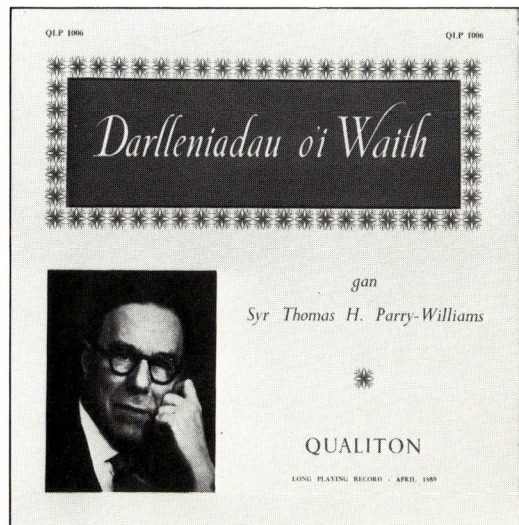

122

122. Cyflwyno casét Cymraeg cyntaf y Cyngor Llyfrau Cymraeg iddo gan Alun Creunant Davies, Cyfarwyddwr y Cyngor.

Recordiwyd y sgwrs yn y lle cyntaf gan BBC Cymru yn y gyfres 'Y Llwybrau Gynt', 1970

'Nid trwy'r llygad, o argraff, y mae gwiwdeb geiriau bardd yn treiddio i ymwybod dyn, ond trwy'r glust. Wrth eu clywed, rywfodd neu'i gilydd, y mae gwybod eu rhin a phrofi eu gogoniant, — oherwydd geiriau cerddorol ydynt, wedi'r cwbl.'

'Geiriau', *Lloffion* (1942)

123

123. Yn Gadeirydd Cyngor Ymgynghorol y BBC yng Nghymru, 1948

Bu Syr Thomas yn ddarlledwr cynnar. Cychwynnodd ar ei yrfa ddarlledu Chwefror 1938, mewn cyfres Ysgolion 'Iaith a Llenyddiaeth Cymru'.

124. Gyda William Hayley, Cyfarwyddwr Cyffredinol y BBC a'r Dr. A.B. Oldfield-Davies, Rheolwr y BBC, yng Nghymru, yng Nghaerdydd, Rhagfyr, 1950

124

125

125. Yn rhaglen 'Lloffa', mis Mawrth 1967, yn Stiwdio'r BBC, Caerdydd, gyda Roy Saer, Yr Athro Melville Richards a Frank Price Jones.

126. *Dim ond amlinell lom y moelni maith.*
Gydag Adran Ysgolion y BBC yn Rhyd-ddu, Mehefin, 1970

'Ar berwyl teledyddol yr oeddwn yn fy hen fro gyda chriw o fechgyn braf, a hynny deirgwaith. Fe ddewiswyd tri llecyn arbennig yno gan y rhai a oedd yn gwybod beth-oedd-beth gyda'r busnes hwn — godre tomen hen chwarel, bwlch ar ffin y fro, a phont dros afon. 'Roedd y tri man, ym marn y technegwyr a'r cyfarwyddwyr, yn rhai arwyddocaol o safbwynt y cynllun stori a oedd ganddynt ynglŷn â mi.'

'Bro,' *Pensynnu* (1966)

126

127

128

LLYWYDDION ❖ PRESIDENTS
1907-1926 SYR JOHN WILLIAMS, BARWNIG
1926-1927 SYR HERBERT LEWIS
1927-1944 YR ARGLWYDD DAVIES
1944-1950 SYR GEORGE FOSSETT ROBERTS
1950-1958 YR ARGLWYDD HARLECH
1958-1967 SYR IFAN AB OWEN EDWARDS
1967-1969 SYR THOMAS PARRY-WILLIAMS
1969-1977 DR. THOMAS PARRY
1977-   DR. ELWYN DAVIES

127. Yn Warden Urdd y
Graddedigion, 1953-56

128. Yn Llywydd y Llyfrgell
Genedlaethol yn cyflwyno llyfr ar
hanes y Llyfrgell i'r Tywysog Siarl,
1969, gyda Dr. David Jenkins, y
Llyfrgellydd. Yr oedd y Tywysog
yn fyfyriwr am dymor yng Ngholeg
y Brifysgol, Aberystwyth, y
flwyddyn honno.

129. Y Plac ag enw Syr Thomas
arno yn y Llyfrgell Genedlaethol.

129

130

130. Cerdyn Cyflwyniad Medal
Anrhydeddus Gymdeithas y
Cymmrodorion.

" Cared doeth yr encilion "

Anrhydeddus, Gymdeithas y Cymmrodorion

ADRAN GYMMRODOROL YR EISTEDDFOD

Yng Nghapel Horeb, Llanrwst   Mawrth, Awst 7, 1951, am 5.30

CYFLWYNIAD BATHODYN Y GYMDEITHAS

gan Y Llywydd—Sir H. IDRIS BELL, C.B., O.B.E., F.B.A., LL.D., D.Litt.

Cyflwynir i'r Gynulleidfa :
    Yr Athro T. H. PARRY-WILLIAMS, M.A., D.LITT., PH.D.
                        gan yr Athro THOMAS PARRY, M.A.
    Mr. SAUNDERS LEWIS, M.A.,
                        gan Syr BEN BOWEN THOMAS, M.A.

The Presentation of the Cymmrodorion Medal to
Prof. T. H. PARRY-WILLIAMS and Mr. SAUNDERS LEWIS

Am 4.30 o'r gloch gwahoddir i dê gan   J. L. C. CECIL-WILLIAMS,
Dr. a Mrs. E. Wyn Jones, Llansannan   Ysgrifennydd
bob Aelod a ddengys y tocyn hwn —Aelod a Chyfaill   20, Bedford Square, Llundain, W.C.1

131. Yr orymdaith yn Abaty Ystrad
Fflur ddiwrnod dadorchuddio
cofeb Anrhydeddus Gymdeithas y
Cymmrodorion i Ddafydd ap
Gwilym, Gorffennaf 13, 1951

131

132. Cofeb Dafydd ap Gwilym yn
Ystrad Fflur, 1951
Gwaith y cerflunydd R.L. Gapper.

*Anterth oedd awr y gorwedd ger y mur
Chwe chanri'n ôl dan ywen Ystrad Fflur.*

'Dafydd ap Gwilym', *Myfyrdodau* (1957)

Yma dan ywen ger mur Ystrad FFlur
I chwe chanrif yn ôl y claddwyd
DAFYDD AP GWILYM
"prydydd â'i gywydd fel gwin"

Dafydd gwiw awenydd gwrdd
Ai yma'th roed dan goed gwyrdd?
Dan lasbren hoyw ywen hardd
LLe'th gladdwyd y cuddiwyd cerdd

Hunc prope locum
saeculo post Christum natum
quartodecimo sepultus fuit
DAFYDD AP GWILYM
in cuius claram memoriam
haec tabula cura et impensis
Societatis Praedicabilis Conterraneorum
anno salutis MCMLI hic posita est

Tale tuum carmen nobis divine poeta
Quale sopor fessis in gramine quale per aestum
Dulcis aquae saliente sitim restinguere rivo

Gosodwyd y garreg hon yn y flwyddyn 1951
gan Anrhydeddus Gymdeithas y Cymmrodorion

133

GWASANAETH

I GOFFÁU

YR ESGOB
WILLIAM MORGAN
(1545?-1604)

Cyfieithydd y Beibl Cymraeg, 1588

YN EGLWYS ST. MARTIN-IN-THE-FIELDS

(trwy wahoddiad y Ficer, y Parchedig L. M. Charles-Edwards)

DYDD IAU, 9 RHAGFYR 1954

TREFNIR Y GWASANAETH DAN NAWDD
ANRHYDEDDUS GYMDEITHAS Y CYMMRODORION

134

133. Traddodwyd yr anerchiad gan Syr Thomas Parry-Williams.

134. Syr Ben Bowen Thomas, yn cyflwyno i Syr Thomas gopi arbennig o Raglen Gwasanaeth Coffa'r Esgob Morgan, mewn cyfarfod a gynhaliwyd yn Llundain, 10 Ionawr 1955. Ymgasglodd aelodau o Anrhydeddus Gymdeithas y Cymmrodorion, a rhai gwahoddedigion, i wrando ar recordiad o Wasanaeth Coffa'r Esgob Morgan am na ddarlledwyd y gwasanaeth gan y BBC.

135. Cyfarchiad ar femrwn a gyflwynwyd iddo gan Anrhydeddus Gymdeithas y Cymmrodorion 1967. Y llythrennu mewn lliw gan yr artist David Jones, a ychwanegodd ef o dan y dyddiad 'Dafydd Jones a'm gwnaeth i' — er na ellir gweld hynny yn y copi hwn.

136. Cyfarchiad Anrhydeddus Gymdeithas y Cymmrodorion iddo yn 1967 pan oedd Syr Thomas yn 80 mlwydd oed.

135

136

Ein braint ni y flwyddyn arbennig hon yw cyflwyno dymuniadau da ichwi yn enw Cyngor ac Aelodau Anrhydeddus Gymdeithas y Cymmrodorion a datgan ein diolch dwfn am eich holl waith fel Llywydd ymroddedig a doeth.
Mynegodd y Gymdeithas ei pharch a'i hedmygedd yn 1951 pan gyflwynodd ichwi ei Bathodyn – yr anrhydedd pennaf sydd ganddi. Eleni yr ydym unwaith eto yn mawrygu eich cyfraniad cyfoethog fel ysgolhaig, llenor a bardd i gynhysgaeth ein cenedl ac yn ymlawenhau yn y nerth a roesoch i'las y Gymraeg' yn ei lleferydd.

Cadeirydd y Cyngor

Golygydd

Trysorydd

Ysgrifennydd

137

138

139

137. Cymanfa Nos Sul cyn Agoriad Eisteddfod Genedlaethol Glyn Ebwy, 1958 — Paul Robeson ar ei ffordd i'r llwyfan i ganu.

'O'i amgylch, o'r chwith, wele Jennie Lee, C.N. Smith (Cadeirydd Glyn Ebwy), Syr Thomas Parry-Williams, Aneurin Bevan (yn y cefndir yn clapio) — a chlap gan Cynan, ar y dde.'

'Y Cymro' Awst 7, 1958

138. Y Fonesig Amy Parry-Williams yn Feirniad Alawon Gwerin yn Eisteddfod Glyn Ebwy 1958

139. Gyda'r Dr. D.J. Williams, Abergwaun, yn Eisteddfod Genedlaethol yr Urdd, Aberteifi, 1959

140. Trindod o Feirniaid — Syr Thomas, ei gefnder Syr Thomas Parry a'r Prifardd Tilsli, yn Eisteddfod Genedlaethol Caernarfon, 1959

'. . . y mae aml greadur unig ac unigol ar wasgar, mewn ffordd o siarad, yn yr Eisteddfod, os nad ar gyfeiliorn hefyd, er nad yn llwyr ar ddisberod. Gwir yw fod ambell un taclus ei ymarweddiad a destlus ei baratoadau yn gwybod i'r dim y pa-le a'r pa-bryd yn ei hanes ei hun ar hyd yr wythnos eisteddfodol, a phopeth wedi ei drefnu'n dwt ganddo.'

'Cymro ar Wasgar', *Myfyrdodau* (1957)

141. 'Study in Concentration'.

Pennawd darlun yr *Observer* — Eisteddfod Genedlaethol Rhosllanerchrugog, 1961. Yn y cwmni hefyd, o'r chwith: William Morris, D. Hughes-Parry, Ernest Roberts, Cynan, Trefin.

140

141

142

142. Yn traddodi beirniadaeth yr Awdl (testun 'Genesis') yn Eisteddfod Genedlaethol Llandudno 1963

'Wedi barnu a beirniadu fel yna a cheisio nodi rhinweddau a ffawtiau (fel y tybiwn i, gan obeithio na wnaethpwyd cam â neb yn ei fater), beth yw'r dyfarniad teg? Yr oedd i'r tri olaf yr ymdriniwyd yn weddol lawn â hwy, gyda'u gwahanol ddulliau ac arddulliau, ryw dynfa a oedd yn peri credu fod yma, efallai, un a fyddai'n trarhagori. Wrth wylio crefftwriaeth DEINIOL a rhyfeddu at ei ddygnwch, yr oeddwn i'n tueddu i golli cymundeb â chynnwys ei gerdd a oedd yn galw am sylw diatal. Er bod cryn dipyn o'r un "colliadau" (os caf fentro defnyddio'r gair), yng ngwaith LLWCH Y LLAWR, yr oeddwn i'n teimlo llawer mwy o ias a chyffro wrth ddarllen ei waith. Ac yr oedd cryn swyn i mi hefyd yn rhannau cyntaf gwaith BOED GOBAITH.

Wedi petruso'n hir, barnu'r wyf i, er fy ngofid a'm siom, nad yw'r un o'r tri — BOED GOBAITH, DEINIOL, LLWCH Y LLAWR — wedi fy argyhoeddi i'n ddigon trwyadl o'i hawl i dderbyn y wobr.'

Cyfansoddiadau a Beirniadaethau Eisteddfod Genedlaethol Llandudno a'r Cylch, (1963)

143. Urddo Crwys yn Gymrawd yr Eisteddfod yn Llandudno, 1963

143

144

144. Gyda'i gyfaill, y cerflunydd, R.L. Gapper, ym Mhabell Celf a Chrefft Llandudno, 1963

145. Syr Idris Foster, y Golygydd, yn cyflwyno *Cyfrol Deyrnged* Llys yr Eisteddfod yn y Bala, 1967

145

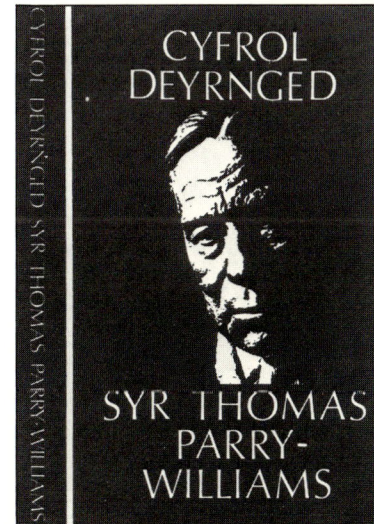

145 a

146. Ar y Maes — Y Bala, 1967

Rhaid oedd ei anrhydeddu

1. *Rhodiodd ef o hedd Rhyd-ddu — a chododd*
       I serchiadau Cymru.
    Bardd hynod, rhyfeddod fu
    Ei wawr gynnar a'i ganu.

2. *Canu ei glod i'r frodir — a roddes*
       I'w wreiddiau naws cywir.
    Er mynd, a throi o'i mawndir,
    Ni edy mo'i thŷ na'i thir.

3. *Tir ei fro, cofio'r cyfan — daw arno'n*
       Gadernid ym mhobman.
    Hon, erioed, fe'i rhoed yn rhan
    Ohono ef ei hunan.

William Morris, *Cyfrol Deyrnged* (1967)

147. Ei dderbyn yn Gymrawd o'r Eisteddfod Genedlaethol gan Cynan
yn y Barri, 1968

148. Medal Syr Thomas
Parry-Williams "Er Clod", a roddir
am wasanaeth gwirfoddol a
nodedig dros lawer o flynyddoedd
ymhlith pobol ifainc i feithrin a
hybu'r iaith a'r diwylliant
Cymraeg.
Rhoddwyd gyntaf yn Eisteddfod
Genedlaethol Aberteifi, 1976. Yr
olygfa ar gefn y Fedal — Yr
Wyddfa a rhan uchaf
pentref Rhyd-ddu.

148

149

149. Yn ei gartref, 'Wern', Aberystwyth.

Mae cysur ennyd mewn marweidd-dra mwyn,
*   Mewn bwrw lludded wedi llafur maith,*
Wrth lacio'r gïau ac wrth dynnu'r ffrwyn
*   A'r pwn a'r tresi trymion wedi'r daith.*

'Gorffwys', *Cerddi* (1931)

150. Cerflun R.L. Gapper, 1966

151. Syr Thomas a'r Fonesig Parry-Williams yng ngardd eu cartref.

150

151

152

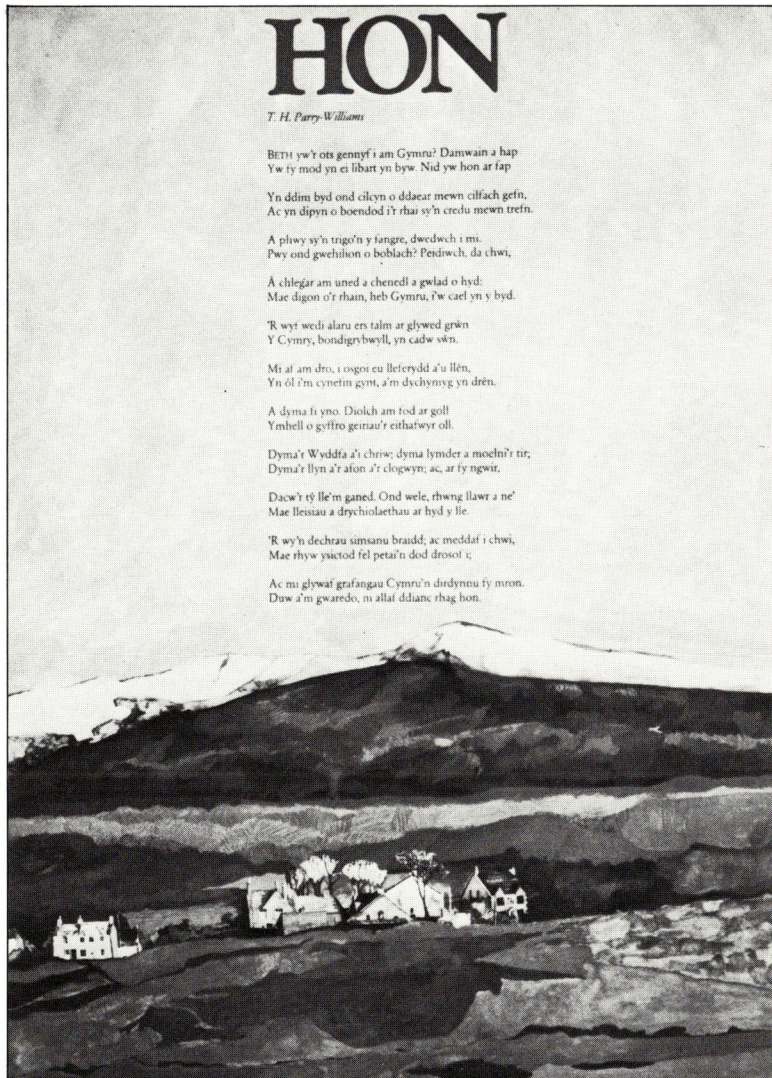

152. 'Hon' — Poster Cyngor Celfyddydau Cymru.

153. Beddgelert

Mynd heibio ambell dro fel pe na bai
    Dim byd a wnelwyf i â daear lawr,
A 'smalio credu nad yw gro a chlai
    Ond rhan o sylwedd swrth y cread mawr.
Aros dro arall, ac anturio'n ewn,
    Ond braidd yn brudd, at feddau'r fynwent fach,
A chrio, weithiau allan, weithiau i mewn,
    A theimlo wedi hynny'n weddol iach.
Gwybod yn iawn, er hyn, na waeth i mi
    Heb geisio cuddio'r cyflawn wir â thwyll
Gwyddoniaeth sech, ddifater, nac â chri
    Ddagreuol meddal-deimlad dyn o'i bwyll,
Oherwydd y mae haenau'r clai a'r gro
Yn tynnu atynt fwy na mwy bob tro.

Syrfyfyrion (1937)

153

83

154

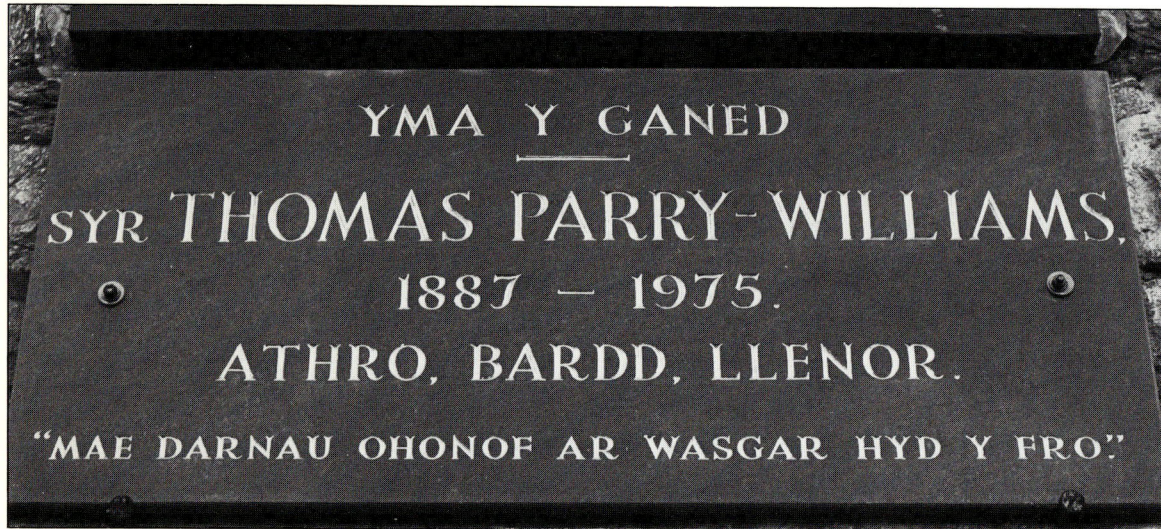

154. Y plac ar Dŷ'r Ysgol, Rhyd-ddu.

'Agorwyd Canolfan Rhyd-ddu ym mis Medi 1975. Mae'r adeilad wedi ei addasu o hen ysgol Rhyd-ddu a Thŷ'r Ysgol, cartref y diweddar Syr T.H. Parry-Williams.

Mae cyfle ardderchog oherwydd y cysylltiadau llenyddol a Chymreigrwydd yr ardal i gynnal cyrsiau i ddysgwyr y Gymraeg. Mae Arddangosfa barhaol yn y Ganolfan o fywyd a gwaith Syr T.H. Parry-Williams.'

Pamffled hysbyseb 'Pwyllgor Addysg Gwynedd.'

155. Wyneb-ddalen y Cyfarfod Agoriadol.

155

156

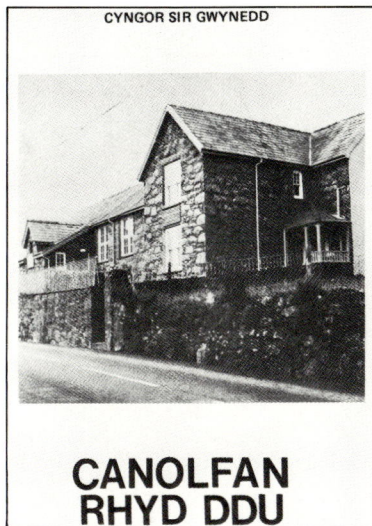

157

156. Canolfan Rhyd-ddu.

'Profiad arbennig i bawb ohonom yw cael bod mewn oedfa b'nawn yng Nghapel Rhyd-ddu. Ac mae'n brofiad arbennig o arbennig i un ohonom, sef i'r un sy'n eistedd yn y sedd gornel, y sedd a etifeddasai Syr Thomas gan ei Nain, ers llawer dydd. Yno y byddai'n cael ei gyfareddu gan dinc lleisiau'r addolwyr yn sôn am afonydd Babilon a sŵn Gwyrfai wyllt yn islais iddynt.

Mewn capel bach dan bulpud plaen
Gwelais werinwr ar ei lîn, —
A Gwyrfai wyllt wrth lifo 'mlaen
Yn lleisio'n lleddf dros gerrig llyfn.

Yn y gornel honno yr arferai adael i'w feddwl grwydro — hwyrach i ddilyn hynt pry ar ffenestr, ailglywed cân hen geiliog, neu gloncian y trên bach, ystyried y brain, a dyfalu lle y gwnai yntau ei nyth pe digwyddasai fod yn "gigfran drigiannol" yn Eryri.'

Dyfyniad allan o Anerchiad Syr Ben Bowen Thomas yng Nghapel Rhyd-ddu ddydd Sadwrn, Medi'r 27ain, 1975, yng Nghyfarfod Agoriadol Canolfan Ysgol Rhyd-ddu.

157. Rhestr Enwau yn y Llyfr Ymwelwyr — ddiwrnod agor y ganolfan.

Dychwelyd

'Ni all terfysgoedd daear byth gyffroi
    Distawrwydd nef; ni sigla lleisiau'r llawr
Rymuster y tangnefedd sydd yn toi
    Diddim diarcholl yr ehangder mawr;
Ac ni all holl drybestod dyn a byd
    Darfu'r tawelwch nac amharu dim
Ar dreigl a thro'r pellterau sydd o hyd
    Yn gwneuthur gosteg â'u chwyrnellu chwim.
Ac am nad ydyw'n byw ar hyd y daith
    O gri ein geni hyd ein holaf gŵyn
Yn ddim ond crych dros dro neu gysgod craith
    Ar lyfnder esmwyth y mudandod mwyn,
Ni wnawn, wrth ffoi am byth o'n ffwdan ffôl,
Ond llithro i'r llonyddwch mawr yn ôl.'

Cerddi, (1931)

158

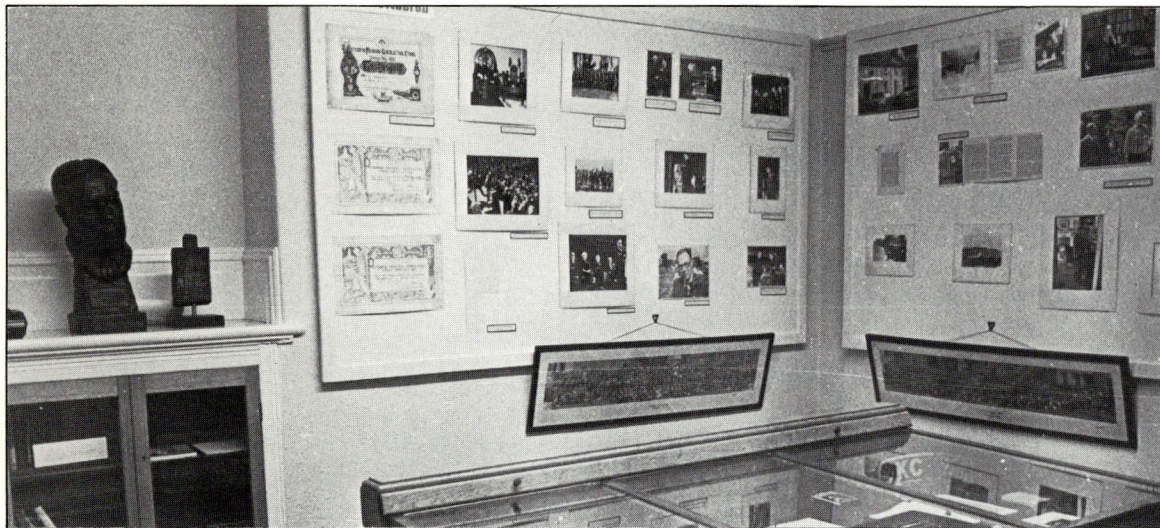

158. Ystafell Syr Thomas yn Nhŷ'r Ysgol heddiw.

159.

Canodd ei gerdd i gyfeiliant berw ei waed;
Canodd hi, a safodd gwlad ar ei thraed.

Canodd ei gân yn gyfalaw i derfysg Dyn;
Canodd hi, ac nid yw ein llên yr un.

'Bardd', *Ugain o Gerddi*, (1949)

159

Rhai dyddiadau

1887	Geni Syr Thomas yng Nhŷ'r Ysgol Rhyd-ddu, Sir Gaernarfon.
1889	Mynd i Ysgol Ganolradd Porthmadog.
1905-09	Myfyriwr yng Ngholeg Prifysgol Cymru, Aberystwyth.
1909-11	Myfyriwr yng Ngholeg yr Iesu, Rhydychen. M.A., (Cymru) B.Litt., (Rhydychen).
1911-14	Ennill Cymrodoriaeth Prifysgol Cymru — astudio ym Mhrifysgol Freiburg a'r École des Hautes Études, Prifysgol y Sorbonne, Paris.
1912	Ennill y Gadair a'r Goron yn Eisteddfod Genedlaethol Wrecsam.
1913	Ennill gradd Ph.D., Freiburg.
1914-19	Darlithydd yng Ngholeg Prifysgol Cymru, Aberystwyth.
1915	Ennill y Gadair a'r Goron yn Eisteddfod Genedlaethol Bangor.
1919	Myfyriwr yng Nghyfadran Gwyddoniaeth Coleg Prifysgol Cymru Aberystwyth.
1920-52	Athro Cymraeg Coleg Prifysgol Cymru Aberystwyth.
1925	Mynd ar fordaith i Dde America.
1934	Ennill gradd D.Litt., Cymru.
1935	Mynd ar daith i Unol Daleithiau America.
1937	Ennill gradd D.Litt., Rhydychen.
1942	Priodi ag Amy Thomas, Pontyberem, Sir Gaerfyrddin.
1947	Traddodi Darlith Goffa Syr John Rhŷs i'r Academi Brydeinig.
1947-52	Cadeirydd Cyngor Ymgynghorol Cymreig y BBC.
1951	Ei anrhydeddu â Medal Anrhydeddus Gymdeithas y Cymmrodorion.
1953-56	Warden Urdd y Graddedigion.
1955-67	Llywydd Llys yr Eisteddfod Genedlaethol.
1957	Traddodi'r Ddarlith O'Donnell yn Rhydychen.
1958	Ei urddo'n Farchog.
1958	Darlith Radio "Ymhél â Phrydyddu" — BBC Cymru.
1960	Ei anrhydeddu â gradd Ll.D., *honoris causa*, Prifysgol Cymru.
1961-69	Llywydd Anrhydeddus Gymdeithas y Cymmrodorion.
1966-69	Llywydd y Llyfrgell Genedlaethol.
1967	Cyflwyno iddo Gyfrol Deyrnged gan Lys yr Eisteddfod Genedlaethol yn y Bala, a chyflwyno Cyfarchiad iddo gan Anrhydeddus Gymdeithas y Cymmrodorion.
1968	Ei ethol yn Gymrawd Coleg yr Iesu, Rhydychen.
1968	Ei ddyrchafu'n Gymrawd o'r Eisteddfod Genedlaethol.
1969	Cyflwyno iddo 'Astudiaethau Amrywiol' gan Staff Adran Gymraeg Coleg Prifysgol Cymru, Aberystwyth.
1971	Derbyn prif wobr Cyngor Celfyddydau Cymru.
1975	Marw Syr Thomas a gosod ei weddillion ym medd ei rieni ym Mynwent Beddgelert.

Llyfryddiaeth

1913	'Some points of similarity in the Phonology of Welsh and Breton.'
1923	'The English Element in Welsh; a study of English loan words in Welsh.'
1928	'Ysgrifau'
1931	'Cerddi'
1931	'Carolau Richard White' (Gol.,)
1931	Llawysgrif Richard Morris o Gerddi (Gol.,)
1932	'Canu Rhydd Cynnar'
1932	'Sonnets' (argraffiad preifat)
1933	'Llawysgrif Hendregadredd' (Cyd-Olyg.,)
1935	'Elfennau Barddoniaeth'
1935	'Olion'
1937	'Pedair Cainc y Mabinogi'
1937	'Synfyfyrion'
1938	'Ystoriau Heddiw' — detholiad gyda rhagymadrodd gan T.H. Parry-Williams.
1940	'Hen Benillion'
1942	'Lloffion'
1944	'O'r Pedwar Gwynt'
1948	'Y Bardd yn ei Weithdy.'
1948	'Islwyn; detholion o'i farddoniaeth' (Gol.,)
1949	'Ugain o Gerddi'
1954	'Rhyddiaith Gymraeg' (Gol.,)
1954	'John Rhŷs' (1840-1915) — (Cyfrol Gŵyl Ddewi)
1957	'Myfyrdodau'
1958	'Ymhél â Phrydyddu'
1966	'Pensynnu'
1972	'Detholiad o Gerddi'

Diolchiadau

Ni fyddai'r gyfrol hon yn bosibl o gwbwl onibai am gydweithrediad hael ac arweiniad diogel y Fonesig Amy Parry-Williams. Dyledwr difesur ydwyf iddi hi am ei chymorth mawr a'i hawddgarwch, ac am ei chaniatâd parod i atgynhyrchu'r lluniau lu o'i heiddo sydd yn y llyfr hwn. Gan gymaint y defnydd lluniol a oedd yn ei meddiant fe roddodd ddyddiau lawer o'i hamser i mi'n bersonol i gyd-ddewis y darluniau mwyaf addas at bwrpas y gyfrol hon. Fe geidw'r Fonesig Parry-Williams yr hawlfraint ar y lluniau sy'n eiddo iddi hi.

Carwn ddiolch i'r Dr. J. Glyn Jones am dynnu lluniau rhifau 19, 29, 30, 32, 36, 106, 107, 154, 157, a 158 yn arbennig ar gyfer y gyfrol hon, ac i gyfeillion yn Rhyd-ddu ac Aberystwyth, ac i aelodau teulu Syr Thomas am eu cymorth wrth gasglu rhai o'r lluniau a gynhwyswyd.

Diolchaf am ganiatad i gynnwys lluniau o eiddo Gwasanaeth Archifau Gwynedd (20, 45, 46); Archifdy Clwyd (68); Y Llyfrgell Genedlaethol (108); BBC (93, 94, 123, 125, 126); 'Y Cymro' (28, 131, 137, 138, 139); yr 'Observer' (141); Cwmni Qualiton (121) a Phwyllgor Addysg Gwynedd (155, 156). Diolch i Wasg Gomer am eu cydweithrediad parod i gael dyfynnu o'r cyfrolau a nodir.

Dyledwr ydwyf hefyd i Gymdeithas Celfyddydau Gogledd Cymru am y gwahoddiad caredig i lunio'r llyfr hwn, ac i swyddog y Gymdeithas, Mr Norman Williams, ynghyd â swyddogion Cyngor Celfyddydau Cymru, Mr Meic Stephens a Mr Roger Williams am eu cyfarwyddyd gwerthfawr a'u cydweithrediad hapus.

Bu'n fraint fawr i mi gael derbyn y comisiwn hwn ac yn bleser i'w gyflawni.

Ifor Rees Golygydd